「高ストレス社員ゼロ」の職場をつくる本

石井 香里

カナリアコミュニケーションズ

プロローグ

皆さんは「ストレスチェックの義務化」についてご存じですか。

会社で総務部門の方、研修を受けられた方、あるいは新聞やニュース・情報番組をよく見る方であれば、かなり詳しく理解されているかもしれません。詳しく知らないという方も、「ストレス」を「チェックする」のが義務になる程度のイメージは浮かぶでしょうから、少し中身を教えてもらえば、すぐに理解できることでしょう。ただ、多くの方は「自分とは関係ない」と感じられているというのが正直なところでしょう。

また、本書で後述しますが、ストレスチェックの義務化はすべての事業所が対象ではありませんし、対象の事業所でも、総務部門の方でなければ知らなくても問題ありません(義務化に該当する事業所は全社員に実施しますから、協力しましょう)。でも、これが今回の義務化の背景にある「メンタルヘルス」の問題として捉えれば、話は変わります。

もはや他人事でないことは、おわかりですよね。「入社以来、必死に育ててきた新人社員がうつ病で休職した」というご経験をお持ちの上司はたくさんいらっしゃることでしょう。さらに辛いのは、退職また自ら命を絶ってしまうケースもめずらしくない時代に入っているということ。「何も助けてやれなかった」となれば、悔やんでも悔やみきれません。

実際に私は製造業の管理職だった友人から、先ほど挙げたような話を打ち明けられました。管理職という職責があるとはいえ、直接的にこの友人が悪いわけではありません。ただ一緒に働いてきた仲間として、そこまで追い込まれていた事実に、少しも気づかなかったことが無念だったのでしょう。

この本を手にした皆さんのご友人や知人に、心の病を抱える方がいませんか。さらにはご自身がメンタルヘルス不調を感じているということもあるでしょう。かくいう私も、かつて「うつ病」と診断されたひとりです。20代で証券会社の営業職をしていたころ、仕事や職場の人間関係に悩み、さらに家庭でもストレスを感じる日々が積み重なった結果、心身ともに病んでしまい、ついにはドクターストップに。仕事は結局のところ、退職してしまった過去があります。

現代は、精神疾患で医療機関にかかっている患者数は３００万人を超えているといわれています。そのうち最も多いのはうつ病で、約１００万人を占める状態に。特に近年は著しい増加ぶりで、この15年間で患者数が約３倍に膨れあがりました。うつ病は自殺の原因としても問題視されており、その割合は病気を理由とした自殺の中で40％を超えるとの現状があります。また、うつ病に至らないとしても、高ストレス状態で体調を崩したり、心身の疲労から休職や退職を余儀なくされたりする人が、皆さんの周りにもいるのではないでしょうか。

企業にとっても、そこで働くすべての人たちにとっても、メンタルヘルス対策、職場の環境改善対策は「取り組む必要がある課題」です。ストレスチェック制度の義務化にかかわらず、企業としての社会責任という視点でも不可欠なものであるといえるでしょう。高ストレス社員が発生した後の事後的な対応ではなく、未然にメンタルヘルス不調の発生を防ぐための前向きな取り組みをしていただきたいのです。

さて、私は現在メンタルケアコンサルタント、カラー・ビューティープランナーとして活動しています。心の病を乗り越える中で自分が実践してきたこと、これまで幾度もストレスやネガティブ感情に振り回されながら自分自身を変化させてきたこと、それらが私の原動力です。心身ともに健康で美しく、生き生きと輝いていくためには、人そのものに対するアプローチはもちろん、その人を取り囲む環境が大切だということを実感しています。

本書は、企業のストレスチェック義務化についての概要を第1章に記し、以降ストレス対策に効果大の「アンガーマネジメント」や高ストレス社員を守るための「怒りのコントロール術」を第2・3章に、ストレスフリーな職場環境をつくる「色&香り」の話を第4章に、そしてそれらを組み合わせたストーリー仕立ての「事例」を最後の第5章に綴りました。メンタルヘルス対策と職場環境改善について、企業担当者の視点から役立つ情報と具体的な対処法をわかりやすく紹介しています。

職場環境を作り出すのは、そこで働く皆さんお一人おひとりです。メンタルケアの方法、ストレスを感じずに働ける環境づくり、コミュニケーションのとれた人間関係づくりを実践しながら、高ストレス社員ゼロの職場、ここで働いて良かった！と言われる職場を作っていきたいものですね。こうして社員のモチベーションが向上すれば、おのずと生産性が上がり、企業イメージもアップするのです。

どんなに知識を学んだとしても、それだけでは何も変わりません。本書の中から少しでも実践し、活用していただけることを願っています。

石井　香里

「高ストレス社員ゼロ」の職場をつくる本

目次

第2章 ヒトに効き目あり！ アンガーマネジメントのすすめ

第3章 「高ストレス社員」を守るためのアンガーコントロール術

第4章 色&香りで変わる!?「ストレスフリーな職場」づくり

第5章 ケース事例から考える「高ストレス社員」への対策

第1章

「企業のストレスチェック義務化」って何？

現代は「ストレス社会」といわれています。

本書をお読みの皆さんは、仕事や職場に対して不安や悩みを感じたことがありますか。また、会社にお勤めなら、同僚や部下の方はいかがでしょうか。

実は、私自身、ストレスが原因の不調によって、5年間勤務していた証券会社を辞めてしまった経験があります。もう20年前のことです。その当時は、職場にメンタルヘルス対策の必要性など、認められてはいたとは言えません。不調を抱えながらも、誰にも相談することもできず、ずいぶん苦しい思いをしたものです。

■ストレスチェックが義務化になった背景

2012年の厚生労働省調査によると、現在の仕事や職業生活に関して「強い不安や悩み、ストレスなどがある労働者」の割合は5～6割程度で横ばいとなっています。

この調査の中では、「強い不安、悩み、ストレスを感じる内容」として、

・職場の人間関係の問題＝41・3％
・仕事の質の問題＝33・11％
・仕事の量の問題＝30・3％

となっています。

また、過去1年間でメンタルヘルス不調によって連続1か月以上にわたる休業、または退職をした労働者がいるという事業所は、2013年時点でなんと全体の1割を上回ったのです。さらに精神障害など労災補償の支給件数は、年度ごとに増減があるものの、請求・認定件数ともに高水準で推移。2012年には400件を超えました。

ここまでは調査結果や数字を列挙してきただけであり、もしかしたらイメージが伝わりにくいかもしれません。しかし、ごく一般的な視点でこれらを一つ一つ見ていくと、メンタルヘルスに関しての現状はいかに深刻であり、とても〝身近な問題〟となっていることが理解できると思います。

もちろん、こうした現状に事業者側は手をこまねいて見ているわけではありません。必要に応じたメンタルヘルス対策を講じ、労働者の精神的健康状態を把握して健康管理を行い、精神障害を早期に発見すべき「安全配慮義務」が事業者にはあります。そこに万一不備があって、従業員の過労死・過労自殺などが起こった場合、訴訟・損害賠償などのリスクはもちろんのこと、社会的イメージの低下による風評リスクにもつながり、事業者としての価値や信頼を失いかねないものとなります。

また、そこまでの事態に陥らないとしても、長期欠勤者の増加や従業員間のモチベーションが低下する状況となれば、労働効率や生産性の低下、労災リスクを増大させることになるでしょう。ただ、残念ながら事業者側の取り組みは、十分に効果が表われる段階までには達していないことが、次の数字から読み取れます。これは内閣府が発表した統計ですが、2014年における自殺者数2万5427人のうち、被雇用者・勤め人であったのは7164人、この中で原因や動機に「勤務問題」が含まれていたのは2227人だったことがわかっています。

こうした現状も国は把握していて、これまでも職場でのメンタルヘルス対策を呼びかけてきました。これにより、2013年時点では約6割の事業者が何らかの対策をはじめました。対策を講じる割合は、比較的に事業所の規模が大きくなるほど高まっており、従業員が300人以上の事業所ではおよそ9割を超えています。そ

メンタルヘルス対策に取り組んでいる事業所割合

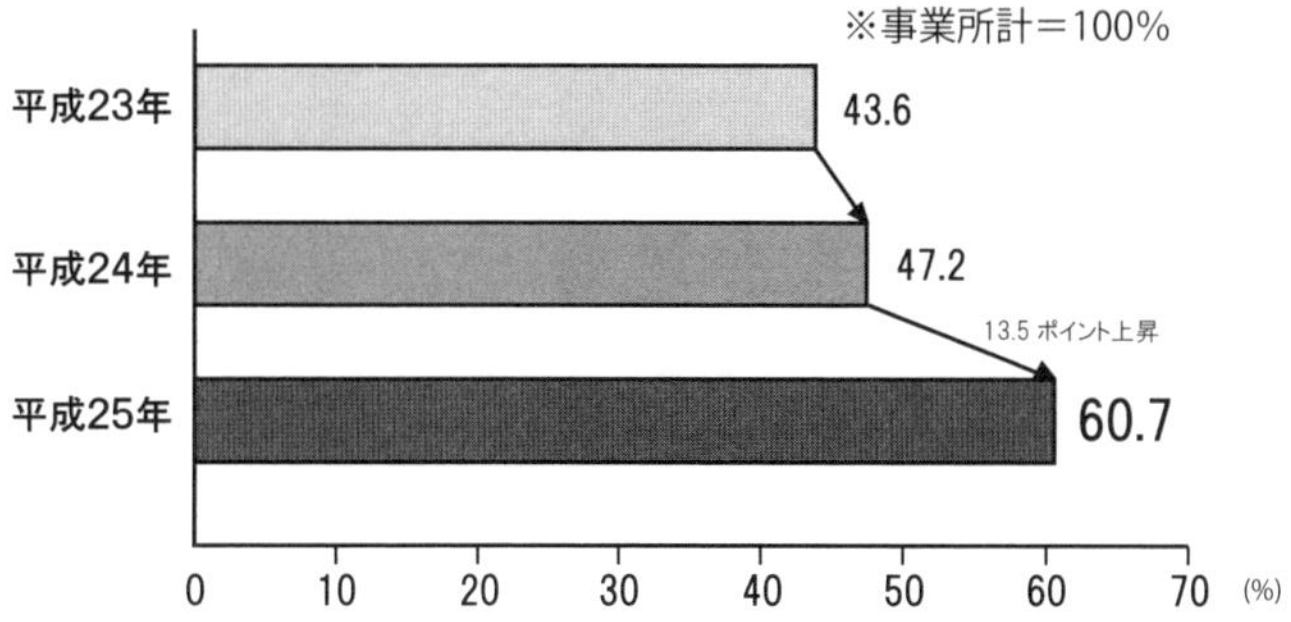

出典：厚生労働省 労働安全衛生調査

して近年では、小規模の事業所でも何らかの対策を講じることが増えてきました。国としてはこの割合を「２０１７年には８割まで高める」という目標を立てています。

また、メンタルヘルス対策の中身としては、

・労働者への教育研修・情報提供＝46・０％
・事業所内での相談体制の整備＝41・８％
・管理監督者への教育研修・情報提供＝37・９％

となっています。

こうした最近の社会情勢や労働災害の動向に即して、今回国が講じた対策こそ、本書がテーマとして取り上げた「ストレスチェックの義務化」です。２０１４年６月25日に公布の「改正労働安全衛生法」が２０１５年12月１日に施行となり、この改正点としてメンタルヘルスの現況を正確に知るために、ストレスチェックの義務化がスタート

するのです。詳細については、次項でご紹介します。

■労働安全衛生法改正のポイント

日本では1972年に労働安全衛生法が制定され、その目的としては「職場における労働者の安全と健康を確保するとともに、快適な職場環境の形成を促進すること」にあります。法律の中身としては、①安全衛生管理体制②労働者を危険や健康障害から守るための措置③機械や危険物・有害物に関する規制④労働者に対する安全衛生教育⑤労働者の健康を保持増進するための措置―などについて定められており、職場の安全衛生に関することがらを網羅し、必要に応じた規制を行うものとなっています。

労働安全衛生法はかつて、時間外労働（週40時間を越える労働が1か月間あたり100時間を超える労働）の規制など、労働の「量」に対する過重を重視していました。当然ながら、労働の「量」はメンタルヘルス不調の一因となりうるものですが、要因としてはさらに広範に考えられることから、労働の「質」という視点も加える必要があります。

そこで国は、労働者の健康状態を把握し、メンタルヘルス不調に陥ってしまう前の段階で対処することが必要と判断し、２０１４年６月に「労働安全衛生法の一部を改正する法律」を成立させました。改正点としては、従業員50人以上の事業所において、医師、保健師などによる検査「ストレスチェック」を義務化し、労働者の心理的な負担の程度を把握できるようにしました。

改正法が施行となる２０１５年12月以降、事業者は年に一度、すべての労働者に対して検査を実施しなければなりません。ただし、契約期間が1年未満の労働者、事業者が定める通常の所定労働時間の４分の３未満で働く短時間労働者は義務の対象外となります。

さらに50人未満の事業所については、当面の間は「努力義務」とされています。ただ、厚生労働省ではたとえ50人未満の事業所であっても、労働者のメンタルヘルス不調を未然に防止することは重要と考えており、規模に関わらずストレスチェックを含めたメンタルヘルス対策が促進されるよう、周知・啓発を行うとともに、支援を行っていきたいとの旨を発表しています。

他、法人全体では50人以上でも、事業場単位で50人未満であれば、小規模の事業所と同様で努力義務となります。また、大企業の支店など、本社による統括管理により実施体制が十分に整っている場合には、実施することが望ましいとされています。

今回の改正法では、従来の姿勢にあった、事業者側にメンタルヘルス対策をお願いするという努力目標とは異なり、「義務」になったところが大きな特長です。これに対する罰則規定は現在のところ設けられていませんが、事業者は労働基準監督署に実施状況を報告することになっています。

ストレスチェック義務化の大きな目的は、労働者のメンタルヘルス不調を未然に防ぐための一次的予防です。労働者にとってはストレスチェックを受ける義務はありませんが、受けることで労働者自身のストレスへの気づきを促すことができます。労働者が自分のストレスの状態を知ることで、ストレスを溜め過ぎないように対処したり、ストレスが高い状態の場合は医師の面接を受けて助言をもらったり、会社側に仕事の軽減などの措置を実施してもらったり、職場の改善につなげたりすることができます。

あくまでも「精神疾患の発見が目的ではない」ということを明確にし、事業者・労働者ともに誤解を招くことがないようにしなければなりません。ストレスチェック制度の実施にあたっては、労働者の意向を十分に尊重し、検査の実施が職場の混乱や労働者の不利益を招くことがないよう配慮することも必要です。

さらにストレスチェックの実施後は、検査結果を通知された労働者の希望に応じて、事業者は医師による面接指導をし、医師の意見や指示に従って、必要な場合には作業の転換や労働時間の短縮など就業上の措置を講じなければならないとしています。また、「高ストレス社員」が発見された場合は、ストレスの原因となる職場環境の把握と改善という努力義務が生じます。言葉通り、現行では努力義務ではありますが、いずれは法改正によって、職場環境の改善への施策が義務化することも想定できるでしょう。

■担当者の準備＆注意ポイント

それでは、ストレスチェックの具体的な実施手順を見ていくことにしましょう。

図表は次ページに掲載していますが、事業者はまず、メンタルヘルス不調の未然防止のためにストレスチェック制度を実施するための方針を表明し、衛生委員会などにおいて、ストレスチェック制度の実施方法や実施体制について審議することが必要です。ストレスチェックは、誰に、いつ、どんな質問票を使って実施させるのか、どんな方法で高ストレス者と判断するのか、結果の保存方法、情報の取り扱い、面接指導や集団分析の方法などを検討します。

そして、ストレスチェック制度の実施に関する社内規程を定め、これをあらかじめ労働者に対して周知することが求められます。労働者は、ストレスチェックを受けないことを選択できることも伝えましょう。

次に、実施体制・役割分担を決めます。

①制度全体の担当者

=事業所の衛生管理責任者、メンタルヘルス推進担当者など、ストレスチェック制度の計画づくりや進捗状況を把握・管理します。

②実施者

=医師、保健師、厚生労働大臣の定める研修を受けた看護師・精神保健福祉士など、ストレスチェックを実施します。

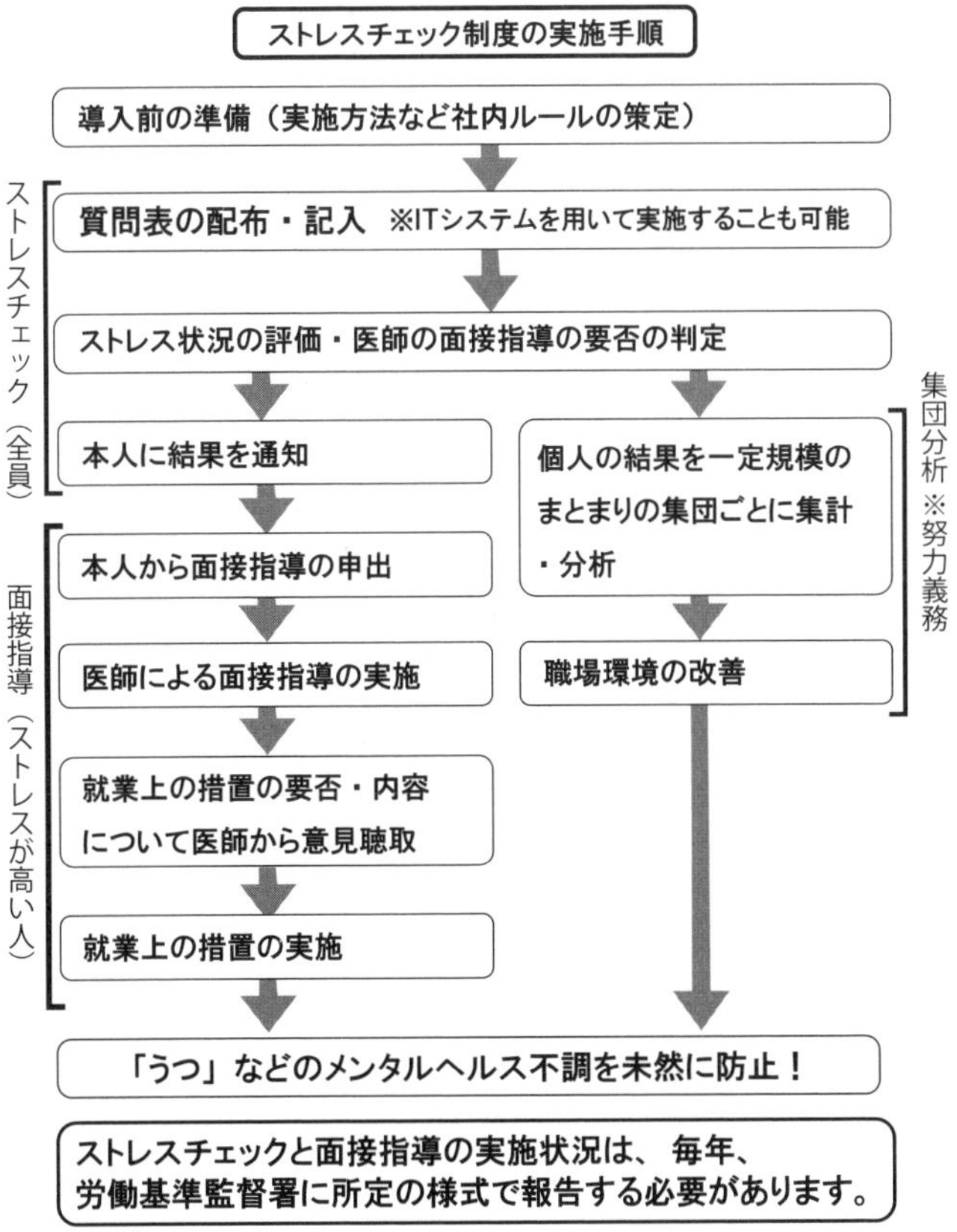

出典：厚生労働省ストレスチェック制度導入マニュアル

③実施事務従事者

＝質問票の回収、データ入力、結果送付など、個人情報を取り扱う業務を担当する

ストレスチェック実施の補助をします。

④医師

＝面接指導を担当する医師です。

ちなみに、②③に関しては外部委託も可能です。

ストレスチェックの結果や受検の有無などが、労働者の不利益につながらないようにするため、人事に関わる権利を持つ者は実施に関わることができません。プライバシーに関わる情報を扱うため、適切な組織、人員の確保・管理が求められます。

実施体制づくりにおいては、すべてを事業所内の人員で行うのか、外部の人材や組織との連携で行うのか、可能な部分すべてを外部委託して行うのかという判断が必要です。

「高ストレス社員」の選定基準は、ストレスチェックの内容やメンタルヘルスに精通していないと的確な判断が難しい点もあります。実施の流れや結果の取り扱いや管理など、細かなガイドラインも多いことなどから、外部の専門支援サービス活用もひとつの選択肢です。ただし、外部に任せっきりではなく、社内全体でストレ

スマネジメントや環境改善に取り組まなければ意味がありません。

年に一度チェックを実施すれば良いということではなく、ストレスチェック制度を総合的なメンタルヘルス対策と捉えて、全体的な計画のもと、実施・評価を重ねて継続的に取り組むことが求められます。メンタルヘルス不調を未然に防ぐ一次予防や、職場の環境改善に対して有効に機能するかどうかは、職場全体のメンタルヘルスへの取り組み状況・姿勢に大きく関わってきます。

事業所内での注意するべきポイントは、労働者の個人情報が適切に保護され、不正な目的で利用されないようにすることで、労働者も安心して受けられ、適切な対応や改善につなげられる仕組みをつくることです。

事業者がストレスチェック制度に関する労働者の秘密を、不正に入手するようなことがあってはなりません。ストレスチェックや面接指導で個人の情報を取り扱う実施者とその補助をする実施事務従事者には、法律で守秘義務が課され、違反した場合は刑罰の対象となります。事業者に提供されたストレスチェック結果や面接指導結果などの個人情報は、適切に管理し、社内で共有する場合にも、必要最小限の範囲にとどめましょう。

また、①医師による面接指導を受けたい旨の申し出を行ったこと②ストレスチェックを受けないこと③ストレスチェック結果の事業者への提供に同意しないこと④医師による面接指導の申出を行わないことを理由に、労働者に対して不利益な取り扱いを行ってはいけません。

面接指導の結果を理由として、解雇、雇い止め、退職勧奨、不当な動機・目的による配置転換・職位の変更を行ってはいけません。

実施方法は、①質問票（紙）による実施と②ＩＣＴ（パソコンを使ったアンケートシステム）による実施が考えられますが、②の場合、個人情報保護や改ざんの防止、適切な結果の保存、個人結果の閲覧制限、実施者の役割が果たされることなどに注意も必要です。

ストレスチェックの実施に当たっては、労働者の意向が十分に尊重されるよう、労働者が不利益な取り扱いを受けることがないように注意が必要です。

検査項目については、その信頼性・妥当性を十分に検討し、労働者個人が特定されずに職場ごとのストレスの状況を事業者が把握し、職場環境の改善を図れるよう検討しましょう。

■まずやってみよう！ ストレスチェック

ストレスチェックの調査項目は、どのような内容にすれば良いのでしょうか。これは次の３つ領域に関する内容をチェックに含める必要があります。

①仕事のストレス要因
＝職場における当該労働者の心理的な負担の原因に関する項目
②心身のストレス反応
＝心理的な負担による心身の自覚症状に関する項目
③周囲のサポート
＝職場において、他の労働者からの支援に関する項目

逆に、ストレスチェックの質問に、以下のような項目を付け加えることは不適当だといえます。

①性格検査、適性検査に関する内容
＝このような検査を行いたい場合は、ストレスチェック制度とは異なる質問であることがわかるように、明確に区分しなければなりません。

②自傷行為などに関する内容
＝万一、現時点でこのような行為を行ったり、考えたりしている社員がいるとしたら、緊急の対応を要する問題です。対応体制を十分に整えておく必要があるでしょう。
③うつ病、精神疾患に関する検査内容
＝ストレスチェック制度は、メンタルヘルス不調の未然防止のために行うものです。疾患を特定することが目的ではありません。

そうなると、担当者が自ら考え、チェック項目を作成することは困難といえます。そこで国や関係機関では、次ページに掲載する「職業性ストレス簡易調査票」（57項目）の利用をすすめています。

ただし、これらは、法令で規定されたものではありません。各事業所においてこれらの項目を参考としつつ、衛生委員会で審議の上、各々の判断で項目を選定することが可能です。もちろん、独自の項目を選定する場合にも、規則に規定する3領域に関する項目をすべて含まなければなりませんし、選定する項目に一定の科学的な根拠が求められます。

また国や関係機関では、職業性ストレス簡易調査票を用いて、労働者個人のストレス状況を把握し、ストレスプロフィールを出力できるツールを無料で提供しています（次ページ以降の図表を参照のこと）。

国が推奨する57項目の質問表
（職業性ストレス簡易調査表）

A あなたの仕事についてうかがいます。 最もあてはまるものに○を付けてください。

1. 非常にたくさんの仕事をしなければならない
2. 時間内に仕事が処理しきれない
3. 一生懸命働かなければならない
4. かなり注意を集中する必要がある
5. 高度の知識や技術が必要なむずかしい仕事だ
6. 勤務時間中はいつも仕事のことを考えていなければならない
7. からだを大変よく使う仕事だ
8. 自分のペースで仕事ができる
9. 自分で仕事の順番・やり方を決めることができる
10. 職場の仕事の方針に自分の意見を反映できる
11. 自分の技能や知識を仕事で使うことが少ない
12. 私の部署内で意見のくい違いがある
13. 私の部署と他の部署とはうまが合わない
14. 私の職場の雰囲気は友好的である
15. 私の職場の作業環境（騒音、照明、温度、換気など）はよくない
16. 仕事の内容は自分にあっている
17. 働きがいのある仕事だ

B 最近1か月間のあなたの状態についてうかがいます。 最もあてはまるものに○を付けてください。

1. 活気がわいてくる
2. 元気がいっぱいだ
3. 生き生きする
4. 怒りを感じる
5. 内心腹立たしい
6. イライラしている
7. ひどく疲れた
8. へとへとだ
9. だるい
10. 気がはりつめている
11. 不安だ
12. 落着かない
13. ゆううつだ
14. 何をするのも面倒だ
15. 物事に集中できない
16. 気分が晴れない
17. 仕事が手につかない
18. 悲しいと感じる
19. めまいがする
20. 体のふしぶしが痛む
21. 頭が重かったり頭痛がする
22. 首筋や肩がこる
23. 腰が痛い
24. 目が疲れる
25. 動悸や息切れがする
26. 胃腸の具合が悪い
27. 食欲がない
28. 便秘や下痢をする
29. よく眠れない

C あなたの周りの方々についてうかがいます。 最もあてはまるものに○を付けてください。

次の人たちはどのくらい気軽に話ができますか？
1. 上司
2. 職場の同僚
3. 配偶者、家族、友人等

あなたが困った時、次の人たちはどのくらい頼りになりますか？
4. 上司
5. 職場の同僚
6. 配偶者、家族、友人等

あなたの個人的な問題を相談したら、次の人たちはどのくらいきいてくれますか？
7. 上司
8. 職場の同僚
9. 配偶者、家族、友人等

D 満足度について
1. 仕事に満足だ
2. 家庭生活に満足だ

【回答肢（4段階）】
A そうだ／まあそうだ／ややちがう／ちがう
B ほとんどなかった／ときどきあった／しばしばあった／ほとんどいつもあった
C 非常に／かなり／多少／全くない
D 満足／まあ満足／やや不満足／不満足

※ストレスチェック指針（平成27年4月15日）より

あなたのストレスプロフィール

（例）

低い／少ない／やや少ない 少ない／普通／やや高い 多い／高い／多い

【ストレスの原因と考えられる因子】							
心理的な仕事の負担（量）		○					
心理的な仕事の負担（質）			○				
自覚的な身体的負担度			○				
職場の対人関係でのストレス		○					
職場環境によるストレス			○				
仕事のコントロール度★						○	
あなたの技術の活用度★		○					
あなたが感じている仕事の適性度★						○	
働きがい★					○		
【ストレスによっておこる心身の反応】							
活気★						○	
イライラ感			○				
疲労感			○				
不安感			○				
抑うつ感			○				
身体愁訴		○					
【ストレス反応に影響を与える他の因子】							
上司からのサポート★						○	
同僚からのサポート★						○	
家族や友人からのサポート★						○	
仕事や生活の満足度★						○	

本人に通知するストレスチェック結果のイメージ

あなたのストレスプロフィール

ストレスの原因と
考えられる因子

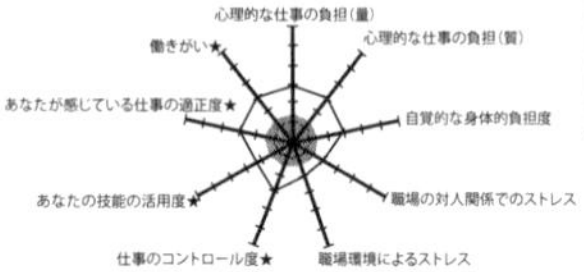

ストレスによって
起こる心身の変化

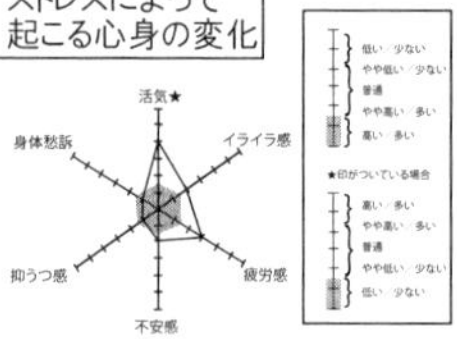

ストレス反応に影響
を与える他の因子

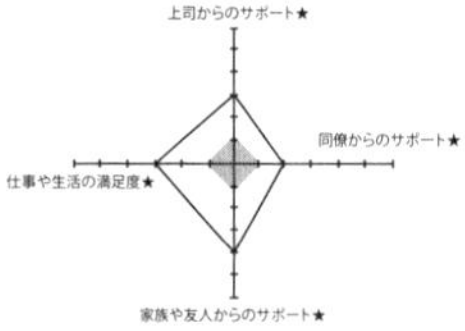

＜評価結果（点数）について＞

項目	評価点（合計）
ストレスの原因に関する項目	○○点
心身のストレス反応に関する項目	○○点
周囲のサポートに関する項目	○○点
合計	○○点

＜あなたのストレスの程度について＞

あなたはストレスが高い状態です。（高ストレス者に該当します）

セルフケアのためのアドバイス

＜面接指導の要否について＞

医師の面接指導を受けていただくことをおすすめします。
以下の申出窓口にご連絡下さい。
○○○○(メール：****@**** 電話：****-****)
※面接指導を申し出た場合は、ストレスチェック結果は会社側に提供されます。また、面接指導の結果、必要に応じて就業上の措置が講じられることになります。
※医師の面接指導ではなく、相談をご希望の方は、下記までご連絡ください。
○○○○(メール：****@**** 電話：****-****)

■ストレスチェック実施後にやることは？

　さて、ストレスチェック実施後は、高ストレス者・意志面接対象者の選定をする必要がありますが、判断する方法としては次の2種類が考えられます。

①一定の評価尺度に照らして判断する。

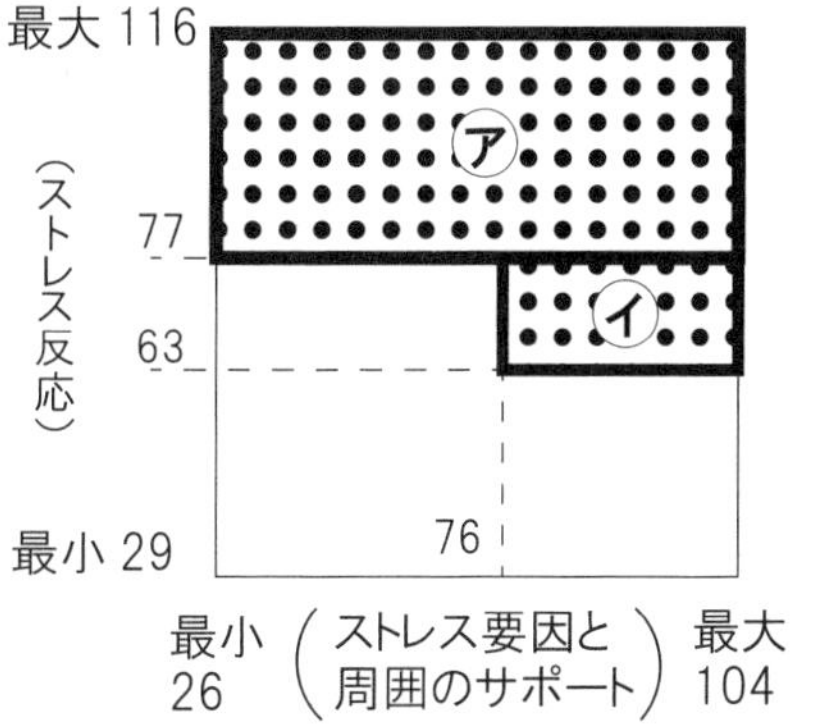

「職業性ストレス簡易調査票」を使用する場合の評価基準設定例

②右記に加えて、補足的な面談を行った上で判断する。

　また、高ストレス者の判断基準は、実施者の意見や衛生委員会の審議などをふまえ、事業者が決定します。基本の考え方は次の通りです。

①「心身のストレス反応」に関する項目の評価点の合計が高い者

②「心身のストレス反応」に関する項目の評

価点の合計が一定以上であり、かつ「仕事のストレス要因」及び「周囲のサポート」に関する項目の評価点の合計が著しく高い者

①及び②に該当する者の割合については、概ね全体の10％程度としていますが、それぞれの事業所の状況により該当者の割合を変更することが可能です。

結果は、ストレスチェックの実施者（事業所が委託した医師、保健師、厚生労働大臣の定める研修を受けた看護師・精神保健福祉士など）から労働者へと通知します。結果により、面接指導対象者は医師による直接指導を受けるよう促します。結果については事業者や実務担当者が閲覧することは禁止されており、検査を受けた本人が同意した場合のみ閲覧が可能となります。結果提供の同意については、

・検査を受けた全員に対して個別に確認する方法

・高ストレス者で面接指導を受ける必要があると実施者が認めた労働者に対して、他の労働者には把握されない方法で個別に確認する

などの方法があります。また、医師面接指導を労働者が希望してきた場合は、その申し出をもって、結果提供に同意したとみなすこともできます。

職場分析と職場の環境改善を行っていくためには集団分析を実施することが望ま

しいとされます。ストレスチェックの実施者に、ストレスチェック結果を一定規模の集団（部、課、グループなど）ごとに集計・分析してもらい、その結果を提供してもらいます。

集団ごとに、質問票の項目ごとの平均値などを求めて比較するなどの方法で、どの集団が、どういったストレス状況なのかを調べることができます。

現在のところ努力義務とされていますが、本制度の目的（メンタルヘルス対策の一次予防、精神不調の未然防止）をふまえると、当然、取り組むべき内容であるといえます。

ただし、労働者のプライバシー保護が不可欠です。原則、10人以上の集団を集計の対象とし、集団規模が10人未満の場合は、個人が特定されるおそれがあるので、全員の同意がない限り、結果の提供を受けてはいけません。

10人未満の場合でも、個人が特定されるおそれのない方法で集計・分析を行うのであれば、実施は可能です。

個人結果、面接指導の実施結果に関する記録、集団分析結果については、事業者に5年間の保管義務があります。労働者の同意がない場合は、実施者または実施事務従事者が記録の保存を行うことになりますが、保存方法や保存場所については、衛生委員会などで審議した上で事業者が決定します。

実施状況については、所轄の労働基準監督署あてに、所定の報告書によって、実施年月、労働者数、受験者数、面接指導を受けた労働者数などを報告しなければなりません。

■「高ストレス社員」が発生したら、職場環境改善の努力を！

私たちの日常を振り返ってみると、身近なところでも「同僚がうつになった」「部下が心労で倒れてしまった」などということは、少なからず起こっているのではないでしょうか。高ストレス社員が発生した場合、当然のことながら事業者は対処をしなければなりません。

医師の意見を聞きながら、本人に対しては就業上の措置や作業管理、健康管理の徹底やセルフケアに関する情報提供・教育の充実を図る必要があります。

過重労働対策や、職場でのパワハラ・セクハラ対策、メンタルヘルスケア体制の確立、労働安全衛生管理体制の見直しなどについても含めることが望ましいでしょう。

「職場環境改善のためのヒント集」(「メンタルヘルスアクションチェックリスト」)によると、例えば、「ノー残業を設ける」「毎朝の定例会議を設けた」「係長クラスへ裁量権を一部移譲し，業務の効率化を図った」「応接スペースの灰皿を撤去した」「台車を導入して重量物の移動を楽にした」など、幅広い対策が実施され効果をあげています。

さて、こうした作業方法や職場組織の改善、その前提として労働時間の短縮、勤務形態の見直しといった物理的な環境改善はもちろん重要ですが、こうした取り組みはすでに多くの事例があり、類似する業種や条件から情報を収集すれば、効果が表われるまで時間はかかったとしても改善していくことは明らかです。そこで本書では、事業者や実務担当者が「どう取り組むべきか」という具体例がイメージしづらいものでありながら、一方で大事な要素である「思考」や「心理」に関わる分野から考察し、提案しようと思い立ちました。近しいものとしては労働者に前向きなストレス対処方法を習得させる、セルフケア研修を実施するなどの取り組みが見られますが、もう一歩踏み込んだ内容をご紹介することで、より良い職場環境が構築できると確信しています。

その内容とは、「アンガーマネジメント」です。職場環境を作り出す「人」を変え、その上で「信頼できる根拠に基づいた対処」をすること。これについて、第2章でご説明します。

第2章

ヒトに効き目あり！
アンガーマネジメントのすすめ

■アンガーマネジメントとは何か

第1章では、ストレスチェック義務化の背景や今回の改正法のポイント、ストレスチェックの中身、実施後に担当者が行うことなどを説明しました。さらに章末には、「職場環境を作り出す〝人〟を変えることが大切」と結論づけました。この具体的な方法こそ、本書の主題である「アンガーマネジメント」です。

ここで、少しご自身を振り返っていただきたいと思います。あなたが会社員やある団体のリーダーだったとして、何か理由があって部下を叱ることがあると思います。もちろん、これは正しい行動と思ってのことですが、後になって「あんなふうに怒鳴らなければ良かった」「もっと違う叱り方があったのかな」と悔やんだことはありませんか。また、その場では叱らずに我慢をしたものの、後になって「やっぱり、あれは襟を正して悪い点を直すよう指摘すれば良かった」と思ったことはないでしょうか。私たちは日常的に、様々な対人関係を持ちながら、社会で生活しています。その中で、自身の取った行動に、一切悔いがないという方は皆無だと言っていいでしょう。

コミュニケーションに関わる仕事をしている方、教育関係者の間では、「怒る」「叱る」の違いを気にする方もいると思いますが、一般的には2つの言葉の間に大差はありません。ちなみに、辞書などでは「怒る」＝自分が不快で腹が立った感情をぶつけるとなっています。「叱る」＝目下の者の言動の良くない点などを（相手のことを思って）指摘するのはいいが、怒るのはいけないということか」と質問されるのですが、そういった違いではないということを、最初にお伝えしておきます。

喜怒哀楽という言葉があるように、「怒り」は人間の自然な感情のひとつです。怒り自体を全くなくすことはできないし、怒りを感じることは決して悪いことではありません。もちろん、怒っても良いのです。ただし、怒るものか、怒らないものかが、きちんと区別できていないことは問題です。

また、怒りの感情そのものに善し悪しがないにしても、表現方法は相手や場を選びます。ここを適切に判断して、相手に伝えるということが職場環境において重要です。

アンガーマネジメントは、怒らないようにすることではありません。怒りの感情をコントロールし、上手に付き合うための心理教育・トレーニングです。怒る必要のないことは、怒らずにすむようにする。怒る必要があることは、上手に怒るようにする。そうすることで人間関係が円滑になり、ストレスのない職場を作っていくことができます。

アンガーマネジメントの「マネジメント」とは、「後悔しないこと」と定義されています。怒った後に後悔するなら、それは「怒る必要がない」ということです。怒らずにいて後悔するなら、それは「怒る必要がある」ことだと考えられます。

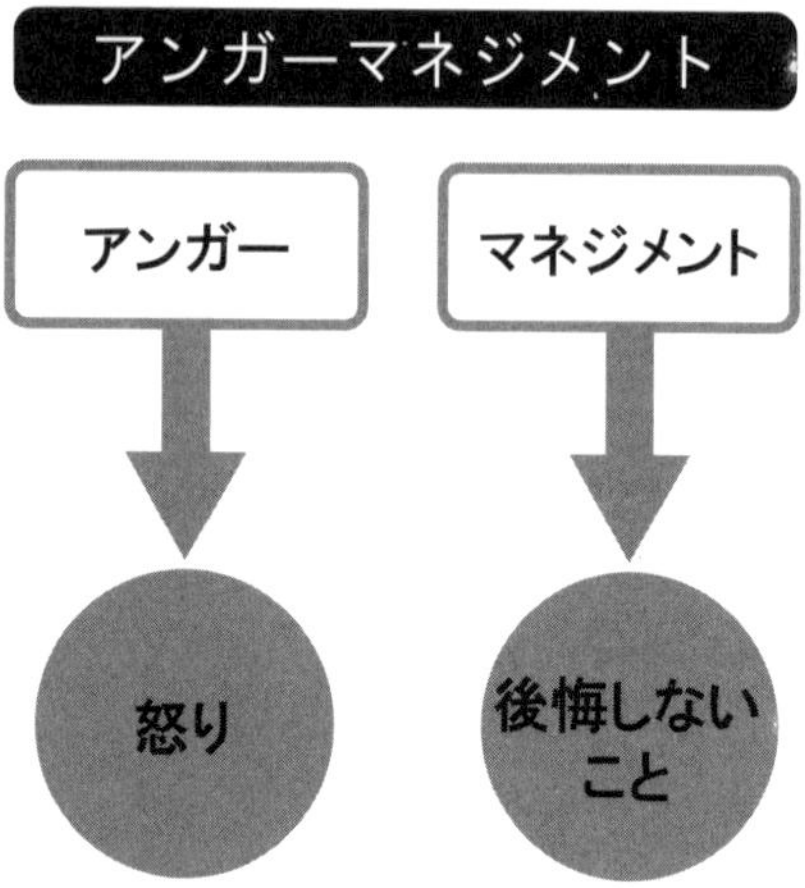

（一般社団法人日本アンガーマネジメント協会の定義）

歴史を紐解けば、アンガーマネジメントは1970年代にアメリカで開発されました。もとはDV（ドメスティック・バイオレンス）や犯罪者に対しての矯正プログラムだったものが発展してきたとされており、司法やビジネス、教育、スポーツなどの各界で広く導入されています。日本では、2011年に一般社団法人日本アンガーマネジメント協会が設立され、今ではアンガーマネジメントを学んだファシリテーターが全国各地で活躍しています。また、最近ではテレビ・新聞・雑誌など、メディア取材・出演も相次いでおり、アンガーマネジメントについての関心は急速な高まりを見せています。

ここで考えたいのが、日本でアンガーマネジメントが注目される理由です。セミナーを受講される皆さんは、それぞれの理由があるようですが、背景として一つ言えることは、「価値観の多様化」が挙げられます。

企業においても従業員の価値観が大きく変化し、就業ニーズや雇用形態に対する考え方、さらには勤労観や昇進志向などが多様化しはじめています。終身雇用制が当たり前ではなくなり、会社とはこうあるべき、仕事とはこういうもの、部下は上司の言うことに従うべき、男は仕事をするもの、というような、かつては共通の価値観であったものが通用しなくなりました。

自由な考え方、人それぞれの生き方が受け入れられるようになった時代だからこそ、自分と他人との価値観の違いの狭間でイライラしてしまうことが増えるのです。

このイライラを職場で爆発させてしまった結果、職場の雰囲気が悪化したり、部下や取引先からの信頼を失ったり、パワハラで訴えられたり、役職を失ったり…いずれも取り返しがつかない失態です。

また、怒りの感情は周囲にも連鎖します。イライラした人が職場にいると、他の人たちまで影響を受けてイライラしてしまうこと、逆にビクビクと萎縮してしまう人もいることでしょう。他にも怒りの感情を溜めこんだり、うまく伝えられなかったりすることによって、ストレスを感じ、やがてはメンタルヘルス不調に陥るケースも見られます。いずれにしても、怒りの感情をコントロールすることは、ストレスを軽減し職場環境の改善を図るために必要不可欠といえるでしょう。

そういわれても、怒りの感情をコントロールすることは可能なのでしょうか。可能だとしても、難しそうだと思われるかもしれません。このテクニックを体系化したのがアンガーマネジメントですが、これは誰でも簡単に、シンプルな形で活用できるものと、私は考えています。

日本では元来、「怒り」というものは人間が発露する感情であり、それ自体を対象として体系的に学んだり、教育の機会を得たりすることは皆無でした。「人前でむやみに怒ってはいけません」という躾を受けていたとしても、怒りとは何かを教えられることはありません。さらに、怒りという感情そのものは感覚的に知っていても、その正体が何なのかということを理解していないため、取り扱い方がわからないだけなのです。

例えば子どものころに、多くの方は自転車の乗り方を親や兄弟から教えられます。最初は2、3回ペダルをこげば転倒してしまっていても、くり返し練習することでスイスイと自転車に乗れるようになります。怒りもこれと同様で、理論から学び、技術を覚え、トレーニングをくり返すことで、アンガーマネジメントを自然に実践できるようになります。

怒りの感情がコントロールできるようになると、それまで抱えていた不安や悩み、ストレスがコントロールもできるようになり、自身のメンタルヘルス対策になることはもちろん、職場の人間関係や環境にうまく作用し、企業全体の生産性向上にもつながります。

■怒りの性質と4つのタイプ

怒りは自然な感情の一つであり、「怒っても構わない」ということは先述しました。ただ、次に挙げた4つのタイプに関しては、問題があります。ご自身にこうした傾向があるかどうか、一度セルフチェックをしてみてはいかがでしょうか。この4つのタイプに対する対処法は、第3章で詳しくご説明します。

①強度が高い

まるで火山が噴火するかのごとく、1回の怒りが強過ぎるタイプ。一度怒り出したら自制できなくなってしまい、時間が経っても怒りを静めることができない。そのため、周囲の人への影響も大きい。

②持続性がある

腹が立ったことを、いつまでも根に持つタイプ。過去にあった出来事を思い出しては、怒りの感情が蘇ってくる。特定の人やことがらに対する怒りが継続すると、恨みや憎しみに変わり、これを果たすような行為に及ぶことも。慢性的にストレスを感じており、メンタルヘルス不調にもなりやすい。

③頻度が高い

しょっちゅう怒っている、くり返し何回も怒るタイプ。いろいろなことに腹を立て、常にイライラしていることから職場の雰囲気を悪くさせる要因にも。またイライラした気持ちを周囲に伝染させるので、職場全体の生産性も下げてしまう。

④攻撃性がある

怒ったときに誰かを責める、自分を責める、モノに当たるタイプ。怒りの矛先が同僚や部下に向かうと、八つ当たりやパワハラ、暴力的な行為に及び、自分に向かうと、自分の心や体を傷つける行為に発展することもある。モノに向かうと、モノを乱暴に扱ったり壊したりする。

怒りの感情は、身体の筋肉が緊張する〝コリ〟に似たものがあります。早く発見できるかどうかで、対処方法が変わるのです。例えば、身体のコリに敏感な方は、痛みなどの症状が表われる前に、マッサージで揉みほぐすものです。ところが、身体のコリに鈍感な方、いろいろな理由で放置してしまう方は、どうにもほぐせない芯のような硬いコリになってしまい、それで生じる症状に苦しむことになるのです。放っておいても、時間が解決するようなものではないのです。

そもそも、怒りの感情とは一体、何なのでしょうか。

怒りは人間にとって自然な感情の一つであり、怒りをなくすことは不可能だと述べました。「一度も怒ったことがない！」という人がいれば、ある意味それも問題でしょう。上手に怒れば、何かをより伝えることができ、伝達手段として有効に働くこともあります。人間は、心身の安全が脅かされそうになったときに怒りを感じるため、身を守るための防衛本能にも近いものがあります。

怒りは他の感情と比べて強いエネルギーを持っているため、その感情に振り回されてしまいがちですが、自分の感情は自分でコントロールできるのです。

実は、怒りは突然湧き起こってくるものではありません。怒りは「第二次感情」と言われています。

まず、心の中に感情を入れるコップをイメージしてみてください。そこに不安、つらい、苦しい、疲れた、悲しいといったマイナス感情の水が溜まっていき、いっぱいになったとき、コップから溢れ出た水が「怒り」という感情です。

　表面に出てくるのは怒りだったとしても、その奥底には、マイナスの第一次感情が潜んでおり、ここにフォーカスすることが大事です。本当にわかってほしい、理解してほしい感情が何かに注目することで、コミュニケーションが図れるようになります。

怒りは第二次感情

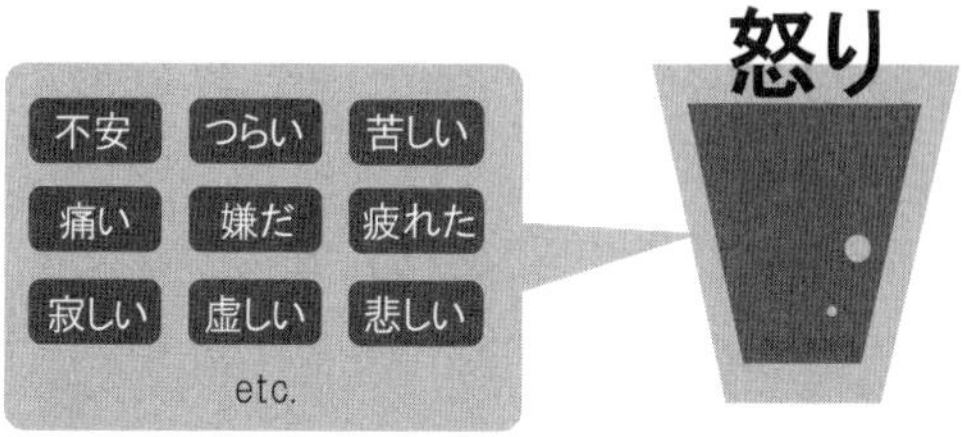

出典：一般社団法人 日本アンガーマネジメント協会

　心のコップの大きさは、人それぞれに異なります。小さい人は、「怒りやすく、怒られることに弱い」性質ですから、大きくする努力も必要でしょう。対して、大きい人は、「怒りにくく、相手に怒られても許容するか、理解した上で同意しない」という姿勢を保ちます。そう考えれば、コップを大きくする努力をした方が得策です。

　アンガーマネジメントは、「対処術」と「体質改善」です。短期的に対処するならば、コップの水が溢れないようコップに穴を開けて水を抜く、またはコップを傾けて水をこぼすなどのテクニックを実践します。長期的に改善するならば、コップそのものを大きくするトレーニングを実践します。

怒りの感情だけでなく、不安やストレスも含めて、自分の感情は自分で生み出しているものです。自分の考え方、あり方を変えていくことで、自分も職場の人たちも健康的に過ごせるようになるだけでなく、不本意な衝突やトラブルに悩まされることもなくなります。

■怒りが生まれる仕組みとは？

次に、怒りが生まれる仕組みを見てみましょう。

例えば、あなたは部下にプレゼン資料の作成を指示したとします。部下は指示に従って資料を作成し、あなたは確認の上で修正のアドバイスを行いました。これに部下は不機嫌になり、明らかにイライラした態度でパソコンに向かい、作業をしています。部下はなぜ怒ってしまったのか。あなたの伝え方が悪かったのでしょうか。

怒りの感情が生まれるまでのステップは、次のように説明できます。

①ある出来事が起こる
②その出来事に対する意味づけをする
③怒りの感情が生まれる

①は修正のアドバイスをしたという客観的な事実です。重要なのはその次の②で、起こった出来事に対してどんな意味づけをするかは、部下自身が決めるということです。

上司のアドバイスに対して、部下が「良いことを言ってもらった」と受け取れば、喜びや感謝の気持ちを持つでしょうから、決して怒りの感情が起こることはないでしょう。対して、部下が「修正なんて面倒くさい」「ケチをつけられた」などと受け取れば、そこでイライラした言動が生じます。つまり、③の怒りの感情が生まれるかどうかは、その人が出来事をどう意味づけするかによって、異なるということです。この意味づけは瞬時に行われるものなので、自分自身がいちいち意識をすることはありません。そのため、怒りは突然湧き起こるものという誤解をしてしまうのです。

また、このステップは怒りの感情だけに限らず、楽しい、悲しいといった感情も同じような仕組みで生じます。出来事の意味づけによって、抱く感情が変わることを客観的に捉えてみると、ネガティブな感情に支配されることが少なくなるでしょう。

怒りの感情を抱いたとき、私たちは、「上司が悪い！」「組織のせいだ！」などと思いがちですが、怒りが生まれる原因は、誰かでも何かでも出来事でもありません。

部下は上司の言うことを聞くべき、会社には遅刻すべきではない、残業してくれるはず…このように思い描いている自分の願望、希望、理想を裏切られたとき、私たちは怒りを感じるのです。

自分では常識だと思っている「べき」は、人それぞれに異なる価値観です。「べき」という言葉は、「～べきでない」「～はず」でも同様です。一見すると、とても正しいように思える「べき」ですが、実はこの「べき」の違いこそが、問題になってくるのです。

怒る理由

会社はこうあるべき、上司は責任を持つべき、部下は文句を言うべきではない、
仕事の時間は守られるべき、マナーは守られるはず　etc.

出典：一般社団法人 日本アンガーマネジメント協会

人によって異なる「べき」に、正解・不正解はありません。どんな「べき」も本人にとっては正しいのです。「こうするのが当たり前でしょ」「普通こうだよね」と自分が信じていることは、他人にとっても真実とは限らないのです。

企業研修を担当する中で「時間は守るべきだと思いますか」と尋ねると、ほとんどの方が「はい」と答えます。「では、本日の研修は10時開催でしたが、あなたは何時に行くべきだと思いましたか」と尋ねると、実に様々な回答が見られます。

5分前には会場に入るべきだと思う人もいれば、10分前には着席していないといけない人、10時ちょうどであれば良いと思う人、社内研修なので少々の遅刻は

“べき”の境界線

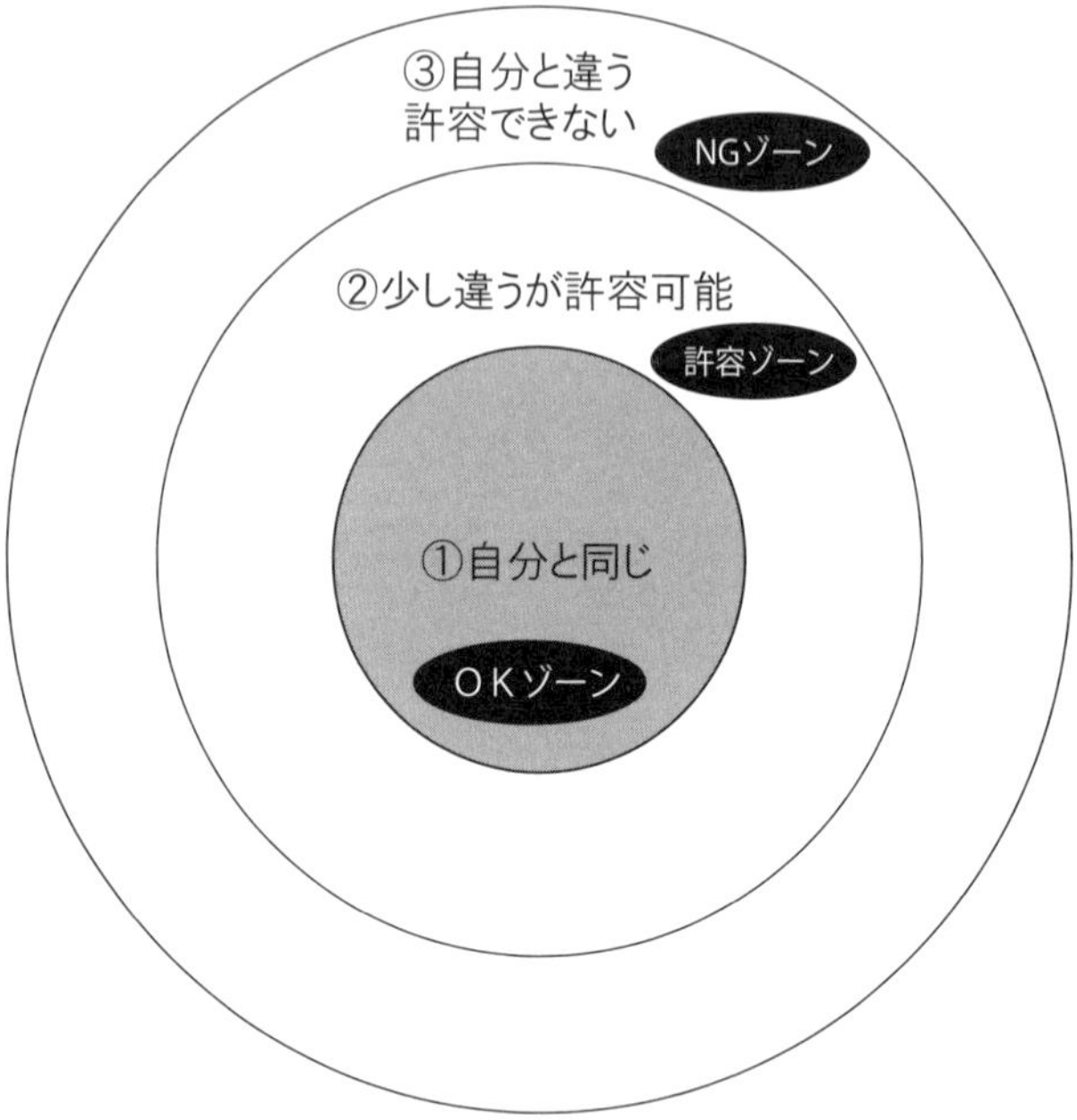

出典：一般社団法人 日本アンガーマネジメント協会

構わないという人…改めて照らし合わせてみると、お互いに驚くような違いがあります。

10分前に着席しなければ！と思っている人にとっては、たとえほんの少しでも遅刻する人は「あり得ない！」ということにもなります。

「時間は守るべき」という価値観は同じだとしても、人それぞれの境界線や許容範囲は大きく異なるのです。

この許容範囲のズレを明確にしておかなければ、雇用形態や勤労観に対する考え方の違いを正確に捉えることができず、職場での円滑なコミュニケーションが図れないばかりか、ストレスを助長することにもつながってしまいます。

ここまでのことで、怒りの感情を生み出す「べき」は、人それぞれ正解も範囲も異なることがわかりました。そして、その「べき」にどれだけ固執しているかによって、人間関係に大きな影響を与えてしまいます。

前述の三重丸で示した図をもとにご説明しましょう。

①自分と同じ価値観でＯＫなゾーン

②自分とは少し違うが、まぁそれもわかるかなと思える許容ゾーン
③自分とは違う、あり得ない、許容できないというNGゾーン

怒りを思考の面からコントロールするのであれば、まずは、三重丸が人それぞれ異なることを理解した上で、社員同士の境界線を明確にします。

自分自身の①と②の領域を大きくする努力をします。①を大きくすることはやや困難かもしれませんが、②を大きくしていくことで、自分の「べき」にしがみつくことなく他人の「べき」を許容し受け止めることができるので、イライラやストレスが減ります。

①②の領域をある程度大きくしたら、境界線を安定（固定）させます。実は、この境界線が曖昧なことが問題となるのです。その日の機嫌によって、相手によって境界線をコロコロ変えると、肝心なことが伝わらなくなってしまいます。

例えば、部下に「営業報告をすべき」と指示したとします。前回は機嫌も良く、報告が翌日になっても叱らなかったのに、今日は就業時刻ギリギリに報告はされたが、「なぜもっと早く報告できないんだ！」と叱ってしまったというような場合、上司の機嫌に左右されて叱られた部下は不信感を抱くことになり、積み重なればス

トレスとなります。

②と③の境界線をはっきり人に見せることも大切です。社内で長く付き合う者同士、この境界線を越えると自分は怒るのだということを具体的に伝えて、お互いに譲れないものを明確にし合うことで、社員同士の就業に関する考え方をすり合わせることができます。多様な価値観が認められる時代だからこそ、この境界線のすり合わせが必要です。

ストレスチェック義務化の背景としてもご説明しましたが、社員が強い不安、悩み、ストレスを感じるとき、もちろん、仕事そのものの質や量の問題もあるのですが、職場の人間関係の問題が、大きな要素となっているのです。

■すぐにできる！　怒りを抑える2つの対処術

怒りは自然な感情だとはいえ、うまく処理できなければストレスを溜めることになります。ストレスチェック制度の大きな目的である一次予防を考えるとき、当然のことながらストレスを作り出さない職場環境や人づくりが必要です。担当者の力だけでどうにかなるものでもなく、社員全体で共通認識を持ち、組織として取り組んでいかない限り、職場の環境改善もできません。

アンガーマネジメントには、対処術と体質改善の側面がありますが、まずは、誰もが簡単に実践できる対処術を2つご紹介します。

① 6秒だけカウントする

部下に対して、同僚に対して、カチンとくる瞬間やイラっとくる場面は少なからずあるでしょう。そのときに絶対にしてはならないことは、反射的に言い返したり攻撃的な行動をとったりすることです。衝動のコントロールができないと、ろくなことになりません。

イライラする時間を我慢できない！と言われるかもしれませんが、どんな怒りの感情にもピークというものがあります。

では、ここで「6秒」を数えてみてください。そんなに長い時間でしたか。

怒りの感情のピークは６秒と言われています。このわずかな時間さえ待てば、イライラした気持ちは自然に落ち着くのです。イラっとしたら６秒間カウントすることを体に覚えさせることで、怒りにまかせて行動し不要なトラブルを招くということがなくなります。

心の中で１、２、３、４、５、６と数えても良いし、英語で数える、100、97、94、91と逆から数える、手のひらに腹の立ったことを書いてみて６秒間をやり過ごすという方法でも良いでしょう。

ほんの６秒間、意識を他に集中させているうちに怒りが収まるということを知っていれば、売り言葉に買い言葉で衝突することもなくなり、冷静に判断して適切な行動をとることができるでしょう。

② 数値化して怒りを見える化する

また、イライラ・怒りのレベルを数値化すると、客観的に把握できるようになります。気温で例をとると、今日は暑い！というのは何となくの感覚でしかないのですが、現在の気温は35℃と言われれば、とても暑いことが理解できるし、昨日の気温は28℃と聞けば、両者を比較して捉えることができます。

腹が立った！イライラする！ということに対しても、このように数値で表してみると、自分自身また社員同士の怒りを客観的に理解しやすいだけでなく、その対処法も考えることができます。

怒りを数値化するスケールテクニックの区分は、次の通りです。

０　：全く怒りを感じず、穏やかな状態

１～３：軽い怒り。イラっとしても軽く流せて、すぐに忘れてしまう状態

４～６：中程度の怒り。時間が経っても、怒りの感情が残る状態

７～９：強い怒り。憤りを感じて、頭に血がのぼるような状態

10　：人生最大級の怒り。心底腹が立ち、激しく憤る状態

イライラしたこと、腹が立ったことを、

スケールテクニック

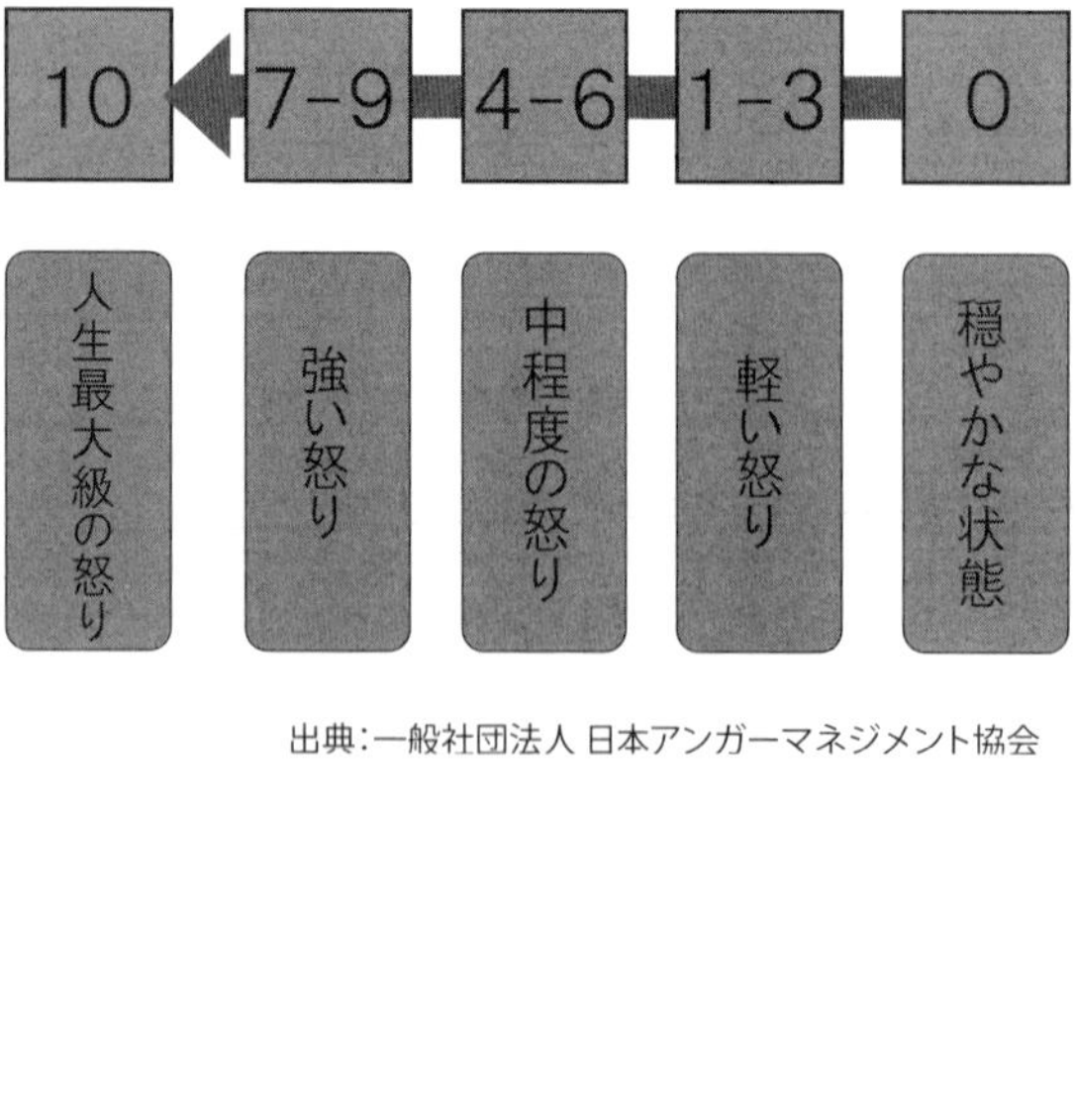

出典：一般社団法人 日本アンガーマネジメント協会

10点満点中、何点になるか当てはめてみます。怒っても良いものか、怒らなくてすむものかも見えてくるでしょう。

・取引先に訪問したら30分も待たされた：3点↓まぁいいか、と何とか思える。
・部下が同じミスを繰り返す：6点↓けっこう腹が立っているから、伝えようか。
・電車が遅れて遅刻した：1点↓たいした問題じゃないか。

怒りを数値化していくとき、最初のうちは高い点数をつけることもあります。しかし、くり返し点数をつけたり比較をしたりしていくうちに、これまで感じていた怒りが、相対的には小さいものであると客観的に判断できるようになります。必要以上に怒ることがなくなります。

いつ、どんなことに対して、どの程度の怒りを感じるのかがつかめるようになると、怒りをコントロールしやすくなり、不必要なイライラにとらわれてストレスが溜まっていくこともありません。

次に、怒りにくい体質になるための改善方法を一つご紹介します。

取引先に車で向かう途中、大渋滞に巻き込まれ、このままでは打合せ時間にも遅刻してしまうかもしれません。イライラ感情が湧き上がってきたとき、あなたならどうしますか。

どんなに祈ったところで目の前の状況は解消されません。一向に進まない車の列を眺めながら、どんどん怒りを爆発させますか。

怒りやストレスを感じた場合、その状況を次のような手順で整理してみます。

①自分が変えられるのか、変えられないのか
②自分にとって重要か、重要でないか

渋滞に遭遇してどんなに怒ったところで、渋滞の状況は自分の力で変えられるものではありません。打合せに向かっているため、自分にとっては重要な問題です。それならば、渋滞の状況は受け入れて、その場でできる対処を考えてみてはどうかということです。ただイライラした時間を過ごしたところで、状況は何も変わらないのですから。

渋滞を回避できる抜け道はないか。遅刻かどうかを判断するタイミングはいつか。

遅刻することを、いつ取引先に連絡したら良いか。リラックスするために、大好きなCDでも聴こうかな、など考えることは人それぞれであり、答えは自分の中にあります。

怒りだけに限らず、他のストレスに関しても同様のことがいえます。区分して考えていくことで、自分自身の怒りやストレスを客観的に整理でき、行動のコントロールができるようになります。自分が変えることができるものに対しては、積極的に具体的に変える努力をすれば良いし、変えられないものであれば、受け入れて対処すべきことに建設的に取り組むことで、過剰なイライラやストレスを軽減することにつながります。

変えられる コントロール可能	変えられない コントロール不可能
重要 今すぐ取り組む。 いつまでに、どのように、どの程度 変えるのかを、具体的に考えて行動する。	重要 状況を受け入れて、具体的な対処を考えて実行する。
重要でない 優先順位が高いことではない。 時間のある余力のあるときに取り組めば良い。	重要でない ストレスだと思わなくて良いことだと見極める。 放っておく。

出典：一般社団法人 日本アンガーマネジメント協会

■上司だけじゃない！　職場でアンガーマネジメントを学ぶ理由

仕事や職業生活に関する「強い不安や悩み、ストレスなどがある」人の割合は、50～60％程度といわれています。これに対して、実際にメンタルヘルス不調になって休職・退職をした人は10％にとどまります。この2つの数字は、何を物語っているのでしょうか。

不安やストレスを感じながらも何とか対処できている人たちと、できていない人たちがいるということです。この両者の違いのひとつは、解決思考の対処法を持っているかどうかなのです。実際にメンタルヘルス不調になってしまった場合、短期間での回復が望めないことも多いと思われます。仕事を続けながら様子を見るのか、一時的に休職するのか、退職するのか…。いずれにしても、企業側・社員側双方が相当なリスクを抱えることになります。

また、たとえ一時的な休職、はては退職へと至らないにしても、根本的に半数以上の社員がストレスを感じているのが実状です。ストレスチェック義務化の大きな目的は、メンタルヘルス不調を未然に防ぐための一次予防ですが、この制度を実施することによって、ストレスへの気づきを促すこと自体が、一次予防に有効に働くのです。

自分のストレス状態を知ることで、ストレスを溜め過ぎないように対処することができますし、組織としてメンタルヘルス対策に取り組むことで、改めて、社員同士の価値観の違いを認識し合う機会にもなり、社内が一体化して職場環境の改善に取り組む契機ともなるでしょう。

怒りというのはとても強いエネルギーを持つので、上手に活用できればモチベーションの向上につながります。スポーツ選手などが、怒りをバネにして最高のパフォーマンスを発揮するという事例もあります。

しかし、上手く付き合わないと不安、高血圧、心臓病、動脈硬化、腹痛、頭痛、睡眠障害、体重の増加、免疫力低下など、実に数多くの症状を引き起すことも知られています。怒りの奥底には不安、つらい、苦しい、嫌だ、疲れたなどの第一次感情があるわけですから、コントロールできないと、心も体も悪影響を受けることは理解できるでしょう。

怒りやイライラが蔓延した職場では、不要な衝突が生じ、ストレスが溜まりやすくなることは容易に想像できますし、特に上司が怒りっぽいと、職場環境が悪くなるばかりか、パワハラになる可能性もあります。怒りの表現方法を誤ると信頼を失い、怒りで判断力を失った社員が増えれば、人間関係も生産性も含めて組織全体が悪循環に陥るのは当然の流れと言えます。

社員同士また世代間にある価値観の相違から起こるイライラを解決することができれば、上司と部下の関係が良くなり、ストレスのない職場環境を作り出し、社員のモチベーションや仕事の効率、生産性が向上します。

アンガーマネジメントを実践すると、職場での問題解決や人間関係全般、あらゆる物事に良い循環を生み出すことができ、たくさんの変化をもたらします。なぜなら、怒りの感情をコントロールすることを通じて不安や悩みといった他のネガティブな感情をもコントロールし、ポジティブなものへ変換できる対処法や体質改善を身に付けられるからです。効果的な怒りの伝え方やコミュニケーションの方法を理解できるようにもなるでしょう。

アンガーマネジメントの技術や考え方は、メンタルヘルス不調の対策に必ず役立つのです。

第3章

「高ストレス社員」を守るための
アンガーコントロール術

■上司が覚えておきたい怒りのコントロール術

あなたは部下を叱ることがありますか。部下に対して上手に叱れないという悩みを抱える上司は実に多いものです。

部下に対して感情的に怒りをぶつけたり、暴言を吐いたりすることは、重大なトラブルにつながる可能性があります。パワハラと判断され、部下からの信頼を失うばかりか、「キレる上司」だとレッテルを貼られてしまうかもしれません。さらに攻撃的な怒りが暴力に変わってしまったなら、それこそ取り返しのつかない事態に陥ることでしょう。

逆に、怒りを伝えられないという方も少なくありません。自分ではそんなつもりはないのにパワハラとして捉えられる、叱られたことを原因として部下が簡単に退職する、自分が上司として嫌われたくない、職場の雰囲気を悪くしたくない、などの理由で「叱れない」上司が増えています。若手社員に行ったアンケートによると、約3割の社員が「叱られたことがない」と回答し、6割近くの上司は叱るのが下手だと思われているそうです。

もちろん怒る必要のないことは怒らなければ良いわけですが、必要のあることまで怒れない、叱れないというのであれば、部下とのコミュニケーションが取れず、職場でストレスが溜まるだけでなく、部下の成長を妨げたり職場環境を悪化させたりする要因になり得ます。

アンガーマネジメントの手法を活用しながら、上司として上手な叱り方と自身の感情コントロール法を身に付けましょう。

〈部下にキレて怒鳴ってしまうタイプは〉

部下に対して、感情的になって怒りをぶつけたことはありませんか。

第2章では、問題となる4つの怒りとして「強度が高い」怒りを挙げました。一回の怒りが烈火のごとく激しく、それを止めることができなくなってしまうパターンです。

たとえ普段は我慢して怒りを溜めこんでいたとしても、ある日突然に爆発させてしまうことも。そうなると、必要以上に強く怒り過ぎてしまうため、怒られた社員は立ち直れないぐらいのショックを受けるでしょうし、周りの社員は顔色を伺って接するようになるかもしれません。

強い怒りを感じたら、第2章でご紹介した「スケールテクニック」を活用してください。まず、点数をつけるのに集中することで、怒りがピークに達する6秒を過ぎてしまえば、怒りは自然に小さくなります。

今の自分の怒りは、5点、4点…と続けているうちに、自分の怒りを客観視できるようになり、感情的な怒りにまかせて行動するのを防ぐことができます。腹が立つことがあったとしても、それは、人生最大級の怒りをぶつけないといけないことなのか。いや、このくらいのことで怒るのはどうだろうか。と、気持ちを静められるようになるのです。

強い怒りを爆発させるタイプの方は、このようなテクニックで、果たして変化があるのだろうかと疑問に思われるかもしれません。私自身がそうでした。しかし、強い怒りをぶつけてしまったせいで壊れた人間関係、私の元を去っていった従業員、修復できない出来事を後悔する中で、変化の機会を与えてくれたものがアンガーマネジメントでした。こんな簡単なことを実践していくだけで、劇的に変わった！と周りから言われています。

アンガーマネジメントはダイエットのようなものです。理論を学んでダイエットの方法がわかったとしても、実践しなければ決して痩せません。周りが無理やり痩せさせることはできないので、本人が痩せようと思って実行しない限りはどうにもなりません。

ただ手法を理解するだけでなく、大切なのは実践することです。

〈挨拶もきちんとできない部下にイラっとするときには〉

毎朝きちんと挨拶もできない部下に、イラっとする！

その「きちんと」というのは具体的にはどのような状態を指すのでしょうか。笑顔で挨拶すべきと思っているあなたと、会釈をすることが挨拶だと思っている部下の間では、挨拶に対する「べき」の境界線が異なるわけです。

職場においては、「べき」のすり合わせを行った上で、これは伝えておこうと選択したなら、感情的にならずに伝えましょう。

「職場では、笑顔でおはようの挨拶をしてほしいんだ」

笑顔で、元気に、明るく…などと言っても、その基準も人それぞれ異なることもあるでしょう。叱るか叱らないかの判断を、客観的にできるようになりたいものです。

スケールテクニックで怒りに点数をつけるのと並行して、怒りのボキャブラリーに当てはめてみるのと良いでしょう。

あなたは、怒りを表す言葉（熟語や言動）を、いくつ挙げることができますか。ふくれる、ムッとする、むかつく、カッとなる、カリカリする、角を出す、むしゃくしゃ、ぷりぷり、腹を立てる、気を悪くする、反感、ガミガミ言う、憤慨、目くじらを立てる、憮然とする、息巻く、激怒、地団駄を踏む、憤怒、怒り心頭に発する、腹の虫が収まらない、激高、怒り狂う、はらわたが煮えくり返る、業を煮やす、神経を逆なでされる、堪忍袋の緒が切れる、怒気、殺気立つ、噛みつく、烈火のごとく、湯気を立てる、怨念、逆鱗に触れる…まだまだ、たくさんありますので、怒りのボキャブラリーをできるだけ多く増やせるようにしてみてください。社員全員で考えてみるのも良いでしょう。

私たちは語彙が少ないと、自分の感情を上手く人に伝えられません。つまり、対人関係系でトラブルがあった場合、語彙力が身に付いていないと、「キレる」ことでしか自分の感情を表現できない可能性もあるのです。自分が発した言葉に、自身の行動も左右されてしまいます。言葉が増えるほど、正確に物事を捉えられるようになるのです。

部下が元気に挨拶をしなかった↓5点（スケールテクニック）
部下が元気に挨拶をしなかった↓軽くムカついた（怒りのボキャブラリー）

点数と言葉が合致しているでしょうか。
点数を5点（中程度の怒り）とつけてみたけれども、言葉で表せば「軽くムカついた程度で、5分もすれば忘れられるようなことだった」ということであれば、2点ぐらいのことかな、というように適合性を考えてみます。

あらかじめ自分の中で、点数と言葉を結び付けておいても良いでしょう。しばらく続けるうちに慣れて点数の付け方も安定し、自分の怒りを正確に分別できるようになります。客観視する習慣が身に付けば、無謀な怒りを爆発させることもなくなるでしょう。

〈約束を守らない部下を叱ったら、言い訳をされ余計にイライラする〉

部下が約束を守らない場合に、「攻撃性がある」怒りをぶつけたことはありませんか。

攻撃性と聞くと、モノにあたるような乱暴なイメージを抱くかもしれませんが、それだけに限らず、他人を責める言動を取ることも指します。

部下に指示した資料が、期限内に提出されませんでした。あれほど頼んでおいたのに、期限を守らないことにイラっとします。これは部下の姿勢を正さなければと、注意をしました。

上司：「なんで、ちゃんとできないの。期限内に提出するのが当然だろう！」

部下：「いや、でも、他の案件も抱えていたので…」

上司：「なんで、言い訳するの。なんで、無理なら無理と最初から言わなかったんだ！」
部下：「でも、その…」

ここで上司であるあなたが使ってはいけないNGワードは「なんで」です。日本人が発する「なぜ？」は、英語の「Why？」には相当せず、決して質問をしているわけではありません。

実は、ただ相手を責める言葉なのです。

部下を責めて原因追及をしたところで、解決策にはなりません。責められた部下も答えようがなく、さらに言い訳をして、こんな叱り方をされることにストレスを感じるでしょう。

このような場合、有効な言葉は「どうすれば？」です。
「資料の提出が遅れているけれど、どうすれば期限内に出せるかな」
部下は、一方的に責められるのではなく、自分がどうすれば良かったのかを建設的に考える機会を与えられます。何か事情があったのだとすれば、上司はそれに耳を傾けることも必要です。

「私は君に、次は提出期限を守ってほしい」

「期限内にできない理由があるのなら、今度は早めに相談してくれると私も助かるよ」

　ただ部下を責めるのではなく、私はこう思うということを伝える、次回からはこうしてほしいということを伝える、このように叱っていくと良いでしょう。


〈ついつい八つ当たりをしてしまうタイプは〉


　攻撃性のある怒りは、下手をすると八つ当たりになってしまいます。もちろん、八つ当たりされた相手はたまったものではありません。

　このような性質が強いのであれば、長期的な視点から体質改善し、怒りの感情を目標に向かうためのエネルギーやモチベーションに転換していけることが望ましいでしょう。

　怒りのエネルギーは強いものだからこそ、大きな原動力に変えることもできます。

　青色発光ダイオードの開発で、２０１４年ノーベル物理学賞を受賞した中村修二氏も「怒りがすべてのモチベーションだった。怒りがなければ何も成し遂げられなかった」と述べています。

スポーツの世界であれば、試合に負けたことへの悔しさや怒りをバネにして、より一層闘志を掻き立て、次の試合に勝つこともできるでしょう。自分の仕事や活動に邁進するためのエネルギーとして「怒り」を使うことができれば、怒りのエネルギーはポジティブなものとなります。

そうは言っても、長期的な改善には文字通り時間を要します。その場の衝動的な感情を抑えるとすれば、ストップシンキングという方法もあります。

怒りが生じそうなときに思考を停止させ、怒りまかせの行動を阻止するクセをつけるということです。怒りを感じたら、心の中で「ストップ!」「止まれ!」と唱えます。頭の中に白紙や空白を思い浮かべることで、思考停止状態を作りやすくなる人もいます。

怒りのもとになる思考を阻止するため、怒りに対する反応や衝動的な行動を遅らせることができ、どうしたら良いのかを冷静に考えられるようになります。

慣れるまで継続する必要はありますが、怒りの感情をリセットする有効な方法です。

〈部下を叱るときのNGワードとは〉

資料の提出期限を守らない部下に対して、このように叱ることはありませんか。

「いつも約束を守らないよね」

「絶対、期限内に間に合わないな」

「必ず遅れるよね」

この「いつも」「絶対」「必ず」という言葉も、部下を叱るときのNGワードです。これらは100%という意味ですので、本当に100%そうでない限りは正確な表現とは言えません。ついついこのような表現をしてしまうのは、これらが自分の怒りを強く表現するための修飾語だからです。

しかし、一度でも期限内に資料提出をしたことがある部下にとってみれば、「いつもじゃないのに…」「この前はちゃんと期限に間に合ったのに」と、100%の決めつけをされる行為に対して反感を抱きます。事実ではないことを決めつけられれば、部下も怒りや悲しみの感情が湧いてくるでしょうし、自分が悪いと頭ではわかっていても、素直に反応することもできません。

「今回は期限内に間に合わなかったようだが、次は約束を守ってほしいんだ」と、客観的な事実と改善してほしい行動を伝えるようにしましょう。
・ギリギリに出社してくる部下を注意したい

部下を叱るときには、「叱る基準」を明確にし、その日の機嫌や気分でコロコロ変わることのないようにすることが大切ですし、価値観の相違を具体的に伝えることも必要です。

第2章でご紹介した三重丸「べき」の境界線に置き換えてみましょう。

始業時刻である9時ジャストに出社してくる社員に対して、注意をしました。「いつもギリギリに来るけど、もっと早めに来るのが当たり前だよ！　なんで、そうなの」

このような叱り方では最悪です。部下を責めたり決めつけたりNGワードを連発のうえに、具体的な改善行動も示されていません。

「もっと早めに」と言っても、それはどのくらいの時間を差すのでしょうか。始業時刻の5分前、10分前、30分前なのでしょうか。部下にしてみれば、遅刻をしたわけでもなく始業時刻に出社しているのに、どうして文句を言われなければいけないんだ！と感じるかもしれません。早めに来いという曖昧な価値観だけを伝えても、お互いの価値観のズレを生じるだけです。

叱る基準の境界線

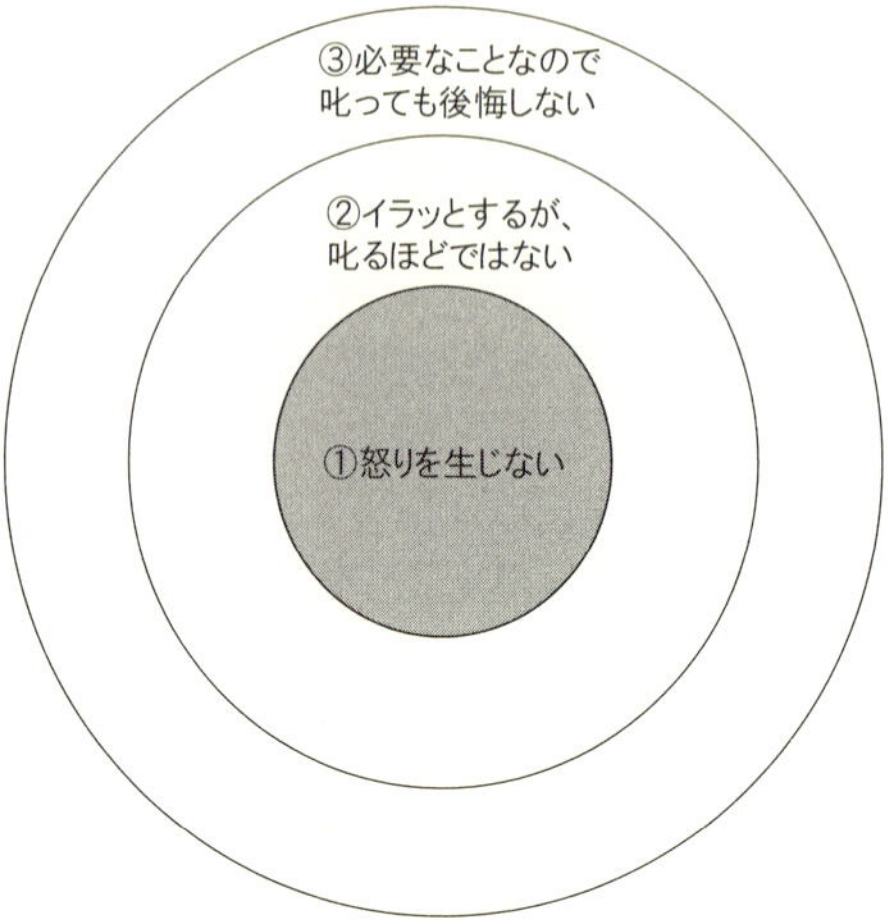

出典：一般社団法人日本アンガーマネジメント協会

三重丸に当てはめてみると、例えば、あなたの①は8時45分②は8時55分まで③は8時56分〜なのであれば、②を超えて③の領域になった場合は叱るということを部下に伝えます。

これが日によって変わってはいけません。ある日は機嫌が良かったので、9時ちょうどの出社でも叱らなかったのに、今日は8時55分でも「遅い！」と叱った…。これでは、部下からの信頼を損ねるだけでなく、職場のストレスを招き、成果が上がらない要因となってしまいます。

もちろん、出社時刻に関しては、個人的な見解というよりも、一度社内で価値観のすり合わせを行った上でルールを決めておきましょう。

〈価値観の違いを理解する〉

すぐにコピーして！と頼んだのに、なんですぐにしてくれないのだろう。もっと頑張ってほしいのに、「頑張っています」と口先だけなんだよな～。忙しいときに限って、残業もせずにさっさと帰るのは非常識だろ。

部下に対してのイライラを感じたときに、アンガーマネジメントで視点を変えてみましょう。

すぐにとは、いつまでのことかを具体的に伝えましたか。自分が考える「すぐ」と部下が考える「すぐ」は違います。5分以内にコピーしてほしいと指示すれば、イライラすることも無かったかもしれません。

もっと頑張ってほしいなら、自分と部下との基準をすり合わせてみましょう。あなたにとって理想の状態が10点、今の状態が5点であっても、部下は今の状態を9点と思っているのかもしれません。お互いの目標のレベルを合わせることと同時に、あと1点上げるためには、どうすれば良いか、何ができるかを考えていけば、問題解決思考で対処することができます。

忙しいときに残業しないのは非常識。それはあなたの価値観であって、部下にとっては、残業を強いられる方が非常識なのかもしれません。

アンガーマネジメントやその他のメンタルヘルス対策も、社内全員で取り組むほど成果が上がります。人それぞれの価値観の相違を把握し、各々が相手の「べき」を許容したり、お互いの境界線を理解したりしていれば、不要な怒り、不安、悩みを抱くことがなくなるでしょう。

■同僚、友人が覚えておきたいコントロール術

毎日8時間一緒に働くとなると、職場の同僚・友人に対するイライラは厄介です。1日の1／3をイライラして過ごすことになります。それほど長い時間ずっとイライラしていれば、蓄積されるストレスはかなり大きいでしょう。

同僚にむやみに怒ってしまえば、人間関係が気まずくもなりますし、業務に支障

をきたすかもしれません。なかなか怒ることもできず、グッとこらえながら過ごすことも、怒りが蓄積されて、ある日突然爆発したり、自分の中でイライラや不満を増幅させて体調を崩したりと、悪循環に陥ってしまいます。

「怒ってはいけない」と感情を抑え込むことと、感情をコントロールすることはイコールではありません。職場で同僚と過ごす時間が長いからこそ、上手なコミュニケーションが必要です。人それぞれ育った環境や、その職場で経験したことも違います。自分の「べき」を少し柔軟にしていくだけでも、イライラが軽減されるでしょう。

例えば、同期に入社した仲間であれば、自分と似たような悩みを抱えていることもあるでしょうし、同様の悩みを解決しているなら、その方法を教えてもらうこともできます。上司や部下には言えない悩みも、同僚であれば遠慮なく話せたり相談できたりすることで、ストレス解消に役立つこともあるでしょう。

同僚や友人との上手く感情を伝えて、より良い人間関係を作っていくためには、どのようにすれば良いかを解説します。

・口の軽い同僚に腹が立ったときには

同僚であれば、気心が知れることで、仕事だけでなくプライベートな悩みを打ち明けることもあるかと思います。そのような中で、期待が裏切られたとなると、必要以上に怒りを感じることにもつながります。

他の人には知られたくない夫婦喧嘩の相談を、同僚が上司に話してしまいました。それを知ったあなたは、怒りが込み上げてきて同僚を呼び出しました。

「なんで、そんな話をするの！」

「個人的な話を上司にすべきじゃないでしょ」

「前から言おうと思っていたんだけど、あなた、いい加減過ぎるのよ！」

怒りがこみ上げたきたあなたは、どんどんエスカレートするばかり。一方的に責められた同僚も、謝るどころか、しだいにイライラしてきて、お互いに険悪なムードになりました。

こんなときには、潔くタイムアウトで仕切り直しをします。一時的にその場を離れることで、怒りがエスカレートして自分でコントロールできなくなるのを防ぐテクニックです。怒りの感情をリセットして、冷静に向き合い、気持ちを早く落ち着かせることができるのです。

ただし、何も言わずにその場を立ち去るのではなく、必ずその場に戻ってくることを伝えます。

「ちょっとトイレに行ってくるけど、10分で戻ってくるね。それからまた話していいかな」

穏やかに伝えるようにしましょう。

その場を離れている間にしてはいけないことは、大声を出したり、乱暴に行動したりすることです。かえって感情が高まってしまいます。深呼吸や軽いストレッチをするなどして、体をリラックスさせると、感情が自然に収まり、落ち着いて戻ることができます。

リラックスに深呼吸が有効なことはよく知られていますが、呼吸リラクゼーションもアンガーマネジメントの対処法の一つです。人は怒りを感じていると呼吸が浅く速くなります。深呼吸をするだけの簡単な対処でも、怒りが抜けていきます。

目は開けていても閉じていても、どちらでも構いません。鼻から大きく息を吸って、一旦止める。口からゆっくり息を吐く。これを2～3回繰り返します。息を吸うことよりも吐くことに時間をかけると良いでしょう。

気持ちを落ち着けた後に、今後どうしてほしいかを伝えましょう。

「プライベートな話を職場の他の人に知られると、私は困るわ。今後は話さないようにしてほしいの」

・相手をイライラさせる言葉とは

いくら怒りを伝えたいとしても、その表現方法によって、相手に真意が伝わらなかったり、素直に受け止められなかったりするものです。

「なんで」と責める言葉を使えば、反感を買いますし、自分は「すべきじゃない」と思っていることも、相手はそう思っていないのです。

「前から言おうと思っていたけど」

「この際だから言うけど」

「何度も言っているけど」

これらはすべて過去を引っ張り出す言葉で、NGワードです。自分がいかに怒っているのかを強調するための修飾語です。過去のことを引っ張り出して怒ると、何に対して怒っているのかが伝わりにくくなってしまいます。これらを言われると、相手は「なんで今さらそんなこと言うの」「そんなこと今、関係ないじゃない」とイライラし、不信感を抱いて素直に聞けなくなってしまいます。

過去を持ち出して感情的に強く怒ってしまえば、相手も怒りの感情に驚き動揺し、真意に耳を傾ける余裕がなくなります。怒ることの目的は相手を責めることでも、嫌な気持ちにさせることでもありません。自分が今、何に対して怒っていて、今後どうしてほしいかを伝えることが大切です。

怒るときには、そのときのことだけを怒るようにしましょう。そして、「あなたは、なんでそうなの」「君は、いつもそうだよね！」というような相手を主語にして責める言い方ではなく、「私は、こんなことをされると困るの」「僕は、こう思うから、次からこうしてくれると嬉しい」というように、「私は」メッセージで伝えると、提案型の伝え方になり、相手もイライラや反発を感じることが少なく、こちらの話を受け入れやすくなります。

・同僚の失敗を自分のせいにされた

同僚のミスを自分のせいにされて上司から叱られました。同僚は弁解をしてくれません。あなたは、同僚に対して腹が立ったものの、それを伝えないまま過ごしています。この出来事を時々思い出してはイライラするし、いつか言ってやろうという気持ちを抱え込んでいます。

こうなると、問題となる4つの怒りのひとつ、「持続性がある」怒りへと発展する可能性があります。

思い出す度に怒りの感情が定着すると、それが必要以上に大きくなることもあり、さらに相手が変わらないとわかると、恨みや憎しみという扱いの難しい感情に成長させてしまうことがあります。長期間ストレスを感じるため、身体の痛みとなったり疲れとなったり、メンタルヘルス不調も現れやすくなります。

持続性がある怒りを感じる人は、過去や未来を考えてしまいます。あの人にあんなことをされた。次に同じことがあったら、こうしてやる！というように、根に持って忘れられないのです。過去の怒りにとらわれ続け、ネガティブな未来を想像し、自分で怒りの感情を持続させるように考えてしまう傾向があります。

これを解消するにはグラウンディングという対処法があります。意識を集中して形がある物を観察する方法です。

怒った出来事や怒りの感情を思い出してしまったとき、視界に入ったものを詳細に観察し意識を向けてみましょう。机、コーヒーカップ、ボールペン、スマホ、手帳など、形があるものなら何でも構いません。

机に集中して観察してみます。色は。大きさは。形は。材質は。傷やシミがある。その傷やシミはいくつある。硬いのか柔らかいのか。触った感触は。

物だけに意識を集中させることで、怒りを大きくさせる原因について、考えない状況を作ります。自然と気持ちが落ち着き、とらわれていたイライラから解放されます。上手にできるようになるためには練習が必要かもしれませんが、習得することができれば、持続する怒りの感情に振り回されなくなるでしょう。

〈自分の怒りのパターンとは〉

自分自身の怒りの傾向をつかんでおくこともおすすめします。職場の中で、日々イラっとすることがあったとしても、意識しないとどんどん忘れていきます。忘れられるのなら良いのではないかと思うかもしれませんが、自分がどんなことで怒りを感じやすいのかを、自分自身が理解していないため、何度も同じようなことでイライラするのです。怒りのパターンをつかめば、同じ失敗や後悔を繰り返すことがなくなります。

まず、怒りを感じたときにメモを取る、アンガーログをつけてみましょう。あいまいでとらえどころのない怒りを文字で書くことで、自分の怒りを具体的に客観的に見つめることができ、怒りを感じるパターンが見えてきます。文字化することによって、怒りを具体的に「見える化」することができる有効なテクニックです。

日時、起こった出来事とそれに対してどうしたのか、怒りの強さに点数をつけると10点中何点かをメモします。その場ですぐに書くこと、原因や解決策などの分析をしないことを心がけて下さい。

怒りを感じてすぐにメモを取ることで、怒りの感情のピーク6秒をやり過ごすこともできクールダウンできます。書くことによって状況を客観的に見つめられるので、気持ちを落ち着かせる効果もあります。

メモの形式は自分が利用しやすいもので構いませんし、簡単な記入でOKですので、無理なく続けられる方法にしましょう。1週間から、できれば21日間続けていくと習慣になりやすいと言われています。

（アンガーログの例）

ある程度メモがたまってきたら、自分の怒りの傾向を探りましょう。

①どういう状況で怒ることが多いのか
②怒るとどういう行動をとるのか
③その行動はどんな結果をもたらすのか

アンガーログの例

①9／10（水）<←いつ>
②取引先で資料の不備を指摘された　<←出来事>
謝った　<←どうしたか>
③3　<←怒りの強さ>

①9／12（金）
②同僚に残業を押し付けられた
我慢して仕事した
③7

メモをもとに、怒ったときの、日時、場所、相手、出来事、体調や心の状態などを振り返ってみましょう。怒ることが多い状況を分析すると、ある一定のパターンが見えてきます。例えば、寝不足の日は腹を立てやすい、予定していたことが変更になるとイライラする、〇〇上司に注意されるとイラっとする、など。

怒りを感じたときにどんな行動をとるのかも、一定のパターンが見えてくるでしょう。例えば、イラっとしても我慢する、怒りを感情的に伝えている、不機嫌な態度のまま過ごす、など。

その行動がどういう結果をもたらしているのかも考えてみます。例えば、我慢して過ごすことでストレスが溜まってしまう、怒りを強くぶつけるせいで対人トラブルが絶えない、言わずに根に持つので余計にイライラする、など。

このように自分の怒りのパターンを理解すると、次に同じようなことが起きても、適切な解決法を見つけられるようになります。怒りを生む状況を改善することもでき、怒りの感情に振り回されてイライラするのを減らすことができます。

〈過去と他人は変えられない〉

同僚との関係性も人それぞれだとは思いますが、上下関係がない分、仲間意識もあればライバル心を抱くこともあるでしょう。だからこそ、アンガーマネジメントを実践していく中で、どうして相手ではなく、自分だけが変わらないといけないのかと考えるかもしれません。相手の「べき」を許容することで、自分が負けたような気がするかもしれません。

アンガーマネジメントの基本は、自分を変えることです。「過去」と「他人」は変えられません。どんなに振り返っても考えてみても、過去の出来事が変わることはないし、大切なことは、自分自身が怒りから解放されてストレスをなくすことです。自分と同僚の、どちらが正しいとか正しくないとかにこだわるよりも、自分が変わることで怒りや、不安、悩みが減るのであれば、その方が自分自身のストレスケアになるのではないでしょうか。

メンタルヘルス対策として、アンガーマネジメントに社員全員で取り組むべきだと思いますか。全員が「Ｙｅｓ」と答えたとしても、各々の「こう取り組むべき」の範囲は異なるでしょう。「べき」の境界線をお互いに把握しておかなければ、取り組み方に対する考え方にもズレが生じます。

ただ学んだというだけで充分に役立つものでもなく、自分のために自分が変わろうと、少しずつでも実践・実行することが大切です。

■後輩、部下が覚えておきたいコントロール術

職場の中で、仕事の仕方や性格が合わない人はいるものです。しかも、それが上司や先輩だとしたら…。毎日小言を言われたり、理不尽な怒りをぶつけられたり、自分の意見を全く尊重してもらえなかったりしても、なかなか言いたいことも言えません。部下は上司や先輩を選べないのです。

最悪の上司と1日を過ごした後、家に帰ってもまだイライラして家族にあたってしまうということはありませんか。最近の研究によると、職場で上司から受けるストレスは、プライベートな生活や人間関係にも影響することがわかりました。職場

でのストレスがあると、家に帰ったときに普段ならなんでもない些細なことが我慢できなかったりするのです。

家族や大切な人に不要な怒りをぶつけたり、自分自身がメンタルヘルス不調になったりしないように、アンガーマネジメントを身に付けましょう。

日本アンガーマネジメント協会には「怒りの連鎖を断ち切ろう」という理念があります。私たちは知らず知らずのうちに怒りの連鎖にとらわれていますが、すべての人が自分の感情に責任を持てれば、怒りの連鎖を断ち切ることができるのです。

〈怒りは、高い所から低い所へ流れるもの〉

怒りには次の４つの性質があります。

①高い所から低い所へ流れる
②身近な対象ほど強くなる
③伝染しやすい
④エネルギーになる

怒りを上手にモチベーションに変えると、大きなメリットになります。思うような結果が出せず、上司に叱られたとしても、「なにくそ！負けるものか」と気持ちを奮い立たせ、怒りをプラスのエネルギーにして目標を達成する人もいます。

ストレスと聞くとネガティブなイメージばかりが浮かぶかもしれませんが、ストレスは「百害あって一利なし」というわけではありません。適度のストレスは、むしろ脳の働きを活性化し、行動・認知能力のパフォーマンスを向上するのに役立つという報告がされています。


しかし、怒りがネガティブに働いた場合、それは、高い所から低い所へ、つまり力や立場の強い人から弱い人へと流れるという性質があります。上司がイライラして部下にあたる、部下は家に帰って妻にあたる、妻は子どもにあたる、子どもは弱い者いじめをする、というように、怒りはより弱い所へと連鎖していきます。

そして、身近な存在である家族や恋人に対して、怒りは強くなる性質もあります。身近な相手だからこそ、自分の「べき」を理解してくれるだろうという期待が高まり、甘えも生じやすくなります。ついつい身近な人にこそ、あたってしまうということです。大切にしたい存在であるにもかかわらず、怒りやストレスをぶつけて苦しめてしまうことがあるのです。

部下という立場だからこそ、日々のストレスも溜まりがちです。イライラを無理やり忘れるのではなく、ポジティブなことを考えてみましょう。ポジティブ思考というよりも、自分が楽しい嬉しいと感じる具体的なことを思い出してみましょう。「娘が書いてくれたパパ大好き！の手紙、嬉しかったな〜」「彼氏と食べた昨日の焼肉おいしかったわ〜」など、幸せを感じた気持ちと体の状態を再体感してみます。

心と体がポジティブな状態でいられる時間を増やすことが、ネガティブな感情を減らすコツです。

〈イライラの伝染を防ぐためには〉

イライラしている人を見ると、自分までイライラしてしまった経験はありませんか。

怒りは強い感情であるため、他の感情よりも伝染しやすい性質があります。イライラした人がいる職場では、それが情動伝染し、職場環境が悪化してしまいます。

上司に理不尽な扱いをされた、先輩が自分の仕事を認めてくれない、プライベートに口をはさみ過ぎる同僚にうんざり、取引先にクレームをつけられた、コピー機の調子が悪い、会社のトイレが汚い…など、1日のうちにしょっちゅうイラッとする場面があって、会社で不機嫌になってはいませんか。

言葉に出さなかったとしても、しかめ面や無愛想な表情で仕事をする、舌打ちや大きなため息が出てしまう、冷たい態度で受け答えしてしまう、ドアをバタンと閉めるなど、自分が知らず知らずに発しているイライラ感が、周りにも伝わっているかもしれません。

しょっちゅう何度も怒りを感じる「頻度が高い」怒りは、問題となる4つの怒りのひとつです。頻度が高い怒りを感じる人は、心のコップにネガティブな第一次感情の水がいっぱい入っています。睡眠を取ると、ある程度コップから水がこぼれてくれるのですが、たくさん溜まっていると、眠ることだけでは水がこぼれません。今日は朝からイライラするなと感じる日は、コップに水が溜まったままの状態ということです。

ネガティブな水を抜くために、リラックスできる気分転換のメニューを増やす努力をしましょう。

温泉につかる、ヨガやストレッチをする、散歩をする、夜空を眺める、読書や音楽や飲み物…1日をかけてすること、2時間でできること、通勤途中やオフィスの中でできることなど、いつでもどこでも気軽にできる好きなことを複数用意しておきます。

今の職場環境に不満を募らせて、あの上司がいなくなればいいのに、と祈ったところでどうにもなりません。自分ができるストレス解消策に積極的に取り組んでいきましょう。

他人である上司や先輩を、あなたが変えることはできません。だとしたら、どのように対処すれば良いのかを考えてみましょう。

〈自分の考えを押し付ける上司にイライラするときは〉

考え方や価値観の違う上司にイライラすることもあるかと思います。

「今どきの若い奴らは頑張りが足りない！私が若いころは…」
「残業してでも仕事をするのは当然だよ」
「体調が悪くて会社を休むなんて、根性がない証拠だ」

時代は明らかに変化しています。世代間に価値観のギャップが生じるのも当然のことです。あなたは「なんで決めつけるんだ」「そんな考え方、もう古いよ」と感じ、一方的な考え方を「押し付けるべきではない」と反感を持つでしょう。

ここで上手く感情コントロールをするコツは、「べき」の違いを認識し、許容することです。上司の「べき」もあなたの「べき」も、どちらも正解です。この違いにこだわることがイライラの原因になるわけですから、単純に、お互いの価値観が違うということを認識してください。

「べき」は「コアビリーフ」という言葉でも置き換えられます。自分の価値観の辞書のようなもので、自分が絶対だと信じていること、他人がなんと言おうと自分には正しいこと、自分が慣れ親しんでいることですが、自分自身の思い込みだとも言えます。

「マナーは守るべき」「思いやりの心を持つべき」「あいさつすべき」など、一見、共通した価値観のように思われがちなことであっても、それをどれだけ重要視するかの程度は、人によってかなり異なります。上司と部下のように、立場や世代が異なる場合、その相違が大きいのも仕方のないことでしょう。

上司の「べき」にイライラするよりも、人それぞれ、そういう考え方もあるんだな、そんな価値観もあるんだなと、許容していく方が建設的です。他人の「べき」にいちいち過剰反応しなくてすむようになれば、怒りだけでなく様々なネガティブな感情とも上手く付き合えるようになります。

〈気の合わない上司と付き合うには〉

職場にひとりやふたり、嫌な上司、苦手な先輩はいるものです。価値観を許容しようとしても、相手の言い方次第では、瞬間的にカチンとくることもあるでしょう。

そのようなときのために、魔法の呪文を用意しておくことをおすすめします。イラっとしたときに、自分の心が落ち着く言葉を言い聞かせるコーピングマントラという対処術です。自分自身が落ち着くフレーズ、イライラが静まる言葉であれば、何でも構いません。実際に口に出して言っても良いし、心の中で唱えてもOKです。

「まぁ、いいか」

「大丈夫！」

「何とかなるさ」

「たいしたことない」

「深呼吸、深呼吸」

「○○ちゃーん！」（大好きな人の名前）

特定の呪文を何度か言い聞かせているうちに、怒りの感情のピーク6秒をやり過ごすこともできますし、高ぶる感情が治まり、客観的に冷静に対処できるようになります。魔法の呪文は、怒りを感じたときだけでなく、辛い、悲しい、不安といった感情に振り回されそうになったときにも役立つでしょう。

長期的な体質改善としては、有酸素運動やストレッチをする身体リラクゼーションも心がけてみましょう。身体を動かす運動をすることで、ストレスを緩和する方法です。

運動した後に、なんとなくスッキリした気分になりませんか。実はそれは「なんとなく」ではないのです。

ストレスを感じるとき、コルチゾールというストレスホルモンが分泌され、心だけではなく、高血圧や免疫力低下など身体にも影響を及ぼします。有酸素運動をするとコルチゾールの分解が促され、体内のストレスホルモンを減らすことができます。

有酸素運動を続けると「脳内麻薬」とも呼ばれるエンドルフィンという物質が分泌され、快感をもたらします。さらに運動を続けると、ドーパミンやセロトニンなど、気分を良くするその他の物質も分泌され、リラックスを促しストレス解消に役立ちます。

ただし、やり過ぎるとストレスを増やすことになります。疲れ果てるまで運動することは避け、気持ちいいなと感じる程度の運動にとどめることも重要です。同じ運動でも、あまり激しいものはリラックスには効果がありません。

ジョギング、水泳、エアロビクス、サイクリング、ヨガ、太極拳、ストレッチ、ウォーキングなどを適度に取り入れて、ストレスに強い心身を作っていきましょう。

〈解決思考を身に付ける〉

上司や先輩、職場のあり方について怒りを感じても、言いたいことを言わずに対処することが問題解決の方法ではありません。怒っても後悔しないことだと判断するなら、怒っても構わないのです。第2章でご紹介したストレスログに当てはめて、怒ることか怒らないことかの判断をすれば良いのです。自分が変えられる、コントロールできるストレスか否か、自分にとって重要なストレスか否かを考えてみてください。

変えられない、コントロールできないことに取り組むのは無駄なことです。自分の感情を上手くコントロールできる人は、自分の感情を出来事や他人のせいにしません。怒ることも、不安になることも、悲しむことも、喜ぶことも、すべて自分で決められるのです。

ポジティブ・シンキングという言葉がありますが、何でもかんでも無理やり前向きに考えることが必ずしも良いとは、私は思っていません。怒りもそうですが、ネガティブな感情があることは、人間としてごく自然なことです。

ただ、「過去」と「他人」に代表されるように、自分では変えられないことに対してネガティブな感情を募らせてストレスを溜めるよりも、変えられないものを受け入れて、ポジティブな感情を増やす方が、メンタルヘルス不調への問題解決につながると考えています。

私自身、ストレスが原因で心の病になり、退職をしてしまった当時、すべてを周りのせいにしていました。毎月の営業ノルマが厳しい、上司は相談にのってくれない、先輩は同僚ばかりを可愛がる、同僚や後輩たちが自分を仲間外れにする、お客様に理不尽なクレームを言われる、友人は私をわかってくれない、夫は仕事と家事の大変さを理解してくれない、両親は頑張っている自分を認めてくれない…だから、私はつらい、苦しい、イライラする…そんな毎日を過ごす中で、しだいに、眠れない、頭が痛い、食欲がない、わけもなく涙が出る、身体がしんどくて仕方ない、朝起きると会社に行きたくないというような状態になっていき、病院へ行ったのです。診断結果は「うつ病」。2か月間、会社に行ってはいけないとのドクターストップがかかり、その休職期間を経て、結局、退職する道を選びました。

当時の私は、自分の感情やストレスを、誰かのせい、何かのせいにしてばかりでした。身近な存在である夫や家族に対して、攻撃的な強い怒りをぶつけてしまうことも多く、暴言を吐く、物を壊す、自分自身を傷つけることもありました。

その経験があったからこそ自分を見つめ直す転機にもなりましたが、今の私は、自分の感情は自分で決められることを知っています。自分の感情と上手に付き合いコントロールすることができれば、自分自身が楽になり、より良い人間関係を築け、人生が変わることを体感しています。

第4章

色&香りで変わる!?「ストレスフリーな職場」づくり

■ カラダにもココロにも！　色が与える効果いろいろ

アンガーマネジメントを中心にメンタルヘルス対策としての対処法をご紹介してきましたが、職場環境の改善には、他にも実践できることがあります。

色彩の心理・生理的効果は古くから応用されていますが、日本でも1950年代には「色彩調節」が盛んになり、建築や産業環境の安全・衛生管理と快適性の向上を図るために色が活用されました。安全、災害防止を確実にするために、色によって建物、施設、設備を識別し、また標識に色を用いることが規定されました。もっとも基本的なものは日本工業規格「安全色彩使用通則」（ＪＩＳ　Ｚ　９１０１）です。

現在では、建築の色彩は建築家、家具の色彩はインテリア・デザイナーというように意匠設計の中に組み込まれているため、色彩調節という言葉で特に扱わなくても、当然のごとく色彩計画（色彩設計）として進められます。しかし、専門知識を持つカラーコンサルタントがいない場合、色彩効果を充分に生かしたとは言えない職場環境が多いことも事実です。

色は「可視光線」という電磁波の一種です。色の刺激は大脳のさまざまな部分に影響を与え、本能的な欲求や自律神経、感情やホルモンバランスの調整などに働きかけるので、結果的に色が心や体に影響を及ぼすのです。

色はもちろん視覚として捉えられますが、実は、皮膚でも感じ取っています。たとえ目隠しをしていたとしても、色に反応して筋肉が緊張したり弛緩したりするということです。

例えば、自律神経への影響ひとつ取ってみても、暖色系の色（赤系）は交感神経を優位にし、脈拍や体温を上げたり興奮させたりしますし、寒色系の色（青系）は副交感神経を優位にし、血圧や呼吸数を下げたり沈静させたりすることが実証されています。

職場空間における色や身に付ける色は、確実に心と体に影響を与えます。適切な色使いは、人の心を癒し元気にし、健康を作り出します。メンタルヘルス対策に色を活用してみましょう。

■怒りを増長させる色とは？

職場空間の中で使われる色や身の周りの色は、知らず知らずに私たちの心身に働きかけています。アンガーマネジメントで怒りのコントロールを実践するにしても、実は、その妨げになる色もあるのです。

特に、強い攻撃性のある怒りを感じやすい人は、「赤」の多用を避けてください。

「真っ赤になって怒る」という言葉もありますが、人間の肌は怒ると赤みが増し、怒っている本人が赤くなるのはもちろん、怒ると赤いものばかりが目につくようになるとも言われています。さらに、圧倒的に赤いものばかりが目につく人は、怒りっぽい性格である確率が25％アップするという報告もあり、色は、そのときの心理状態を表します。

赤は「活動・情熱・興奮」といった強いエネルギーをイメージする色で、やる気になりたいとき・元気がほしいとき・闘争するとき、強い思いを伝えたいとき、自分をアピールしたいときなどに役立ちます。

オリンピックやボクシング、その他の格闘技でも、赤のユニフォームを着た選手の勝率が高いという研究結果もあり、楽天をはじめIT企業やベンチャー企業では職場空間に赤を使って、印象づけやモチベーションアップに活用しています。

適度に使用すれば活力増強剤になるのですが、アドレナリンを分泌させるため、イライラしやすい人には不向きです。アドレナリンは、「闘争か逃走か（fight-or-flight）」のホルモンと呼ばれ、主に交感神経を刺激し興奮状態を作り出します。怒りを感じているときにもまた、体内にアドレナリンが放出されています。

つまり、赤を多用すると、怒りを感じたときと同じ状態を作り出しているということです。

赤によって交感神経を刺激するため、イライラしやすい人は、より攻撃的になる可能性があります。怒りっぽい人は、身の周りにあるもの、身に付けるものの中から、赤を取り除きましょう。

もしも仕事上のミスやトラブルで謝罪をしなければならない場面があるなら、その場に赤のネクタイや洋服で行くのも止めましょう。赤を見た相手が、余計に興奮してイラっとし、不要な怒りを買う可能性があるからです。

また、赤は時間感覚にも影響を及ぼすので、職場環境に多用すると時間をより長く感じさせてしまいます。長時間に感じる労働は、疲れやストレスの要因になるでしょう。

温度感覚では、実際の気温より3度ぐらい体感温度を上昇させますので、暑い季節や陽当たりの良過ぎる場所では、必要以上に暑さを感じ、不快感につながります。逆に、寒い季節には役立つわけです。

赤の効果を、心や体の状態・状況に応じて、上手に使い分けてみましょう。

ちなみに、日本アンガーマネジメント協会のイメージカラーは「緑」です。「自然・調和・平和」などをイメージさせ、気持ちを穏やかに安定させリラックスさせる色です。イライラしたときには、緑を使うことを習慣にすると良いですね。

ただし、同じ緑でも、人工的な強い青緑系の色では安らぎを感じません。自然界にある緑が一番リラックス効果を感じられます。実際に、自然界の緑（植物）は、ストレス軽減、リラックス効果、免疫力向上、ガンの予防効果があることが医学的にも証明されており、最近では、一見オープンカフェを思わせるような緑でいっぱいのオフィス事例もあります。職場空間の中に、やはり観葉植物ぐらいは置きたいものです。

■ストレスを感じない壁の色は？

まず想像してみてください。毎日仕事をする職場が真っ黒な壁に囲まれていたなら…きっと落ち着かず、気が滅入りそうです。業務にも集中して取り組めないのではないでしょうか。

一日のうち長い時間を過ごす職場だからこそ、ストレスが蓄積されない環境を作りましょう。

体の筋肉反応は、使われる色によって緊張したり弛緩したり変化します。緊張度が低くリラックスできる色は、ベージュやパステルトーンの柔らかい中間色です。続いて、青や緑です。

例えば、職場の室内環境の場合、リラックスして落ち着ける壁の色には明るく温かみを感じさせるベージュ系がおすすめです。天井は壁よりも明るく、床は壁よりも暗い色にすると、心理的に安定感を得られます。明るい色であれば気持ちも明るくさせるイメージがあるかもしれませんが、真っ白や光の反射が強くまぶしさを感じるような明るさの色では、かえって疲労を感じます。

また、青は赤とは逆で副交感神経を刺激し、鎮静効果があり時間感覚を短く感じさせることができるので、長時間、単純作業を繰り返す職場、クレーム対応が必要な職場などに向いています。落ち着いて冷静に仕事ができるうえに、労働時間を短く感じるため疲労感が軽減されます。ただし、壁の色など面積の大きい場所では、濃い青や鮮やかな青ではなく、パステルトーンのごく薄い青を使用する方が良いでしょう。

ストレス解消には和室が最適とも言われています。木材が持つ温もりがある上に、筋肉を弛緩させるベージュや緑などが多用されているからです。社内に休憩室や食事室がある場合は、和室の色使いを参考にリラックスできる空間を創ってください。

旅行総合情報サイトを運営するフォートラベル、日本最大の料理サイトを運営するクックパッドでは、会議室に和室を取り入れ、気分転換とリラックスを兼ねた工夫をしています。

ストレスフリーな環境を創ると言っても、仕事現場ではリラックスすることばかりが有効とは言えません。適度な緊張状態がないと、活力・集中力やモチベーションが上がらず生産性も悪くなります。緊張と緩和のバランスが大切です。

床・壁・天井のように室内の大きな面積の部分には、リラックスできるベージュや淡いブルーなどを使用し、赤や黄のように体や脳を活性化させる色を、状況に応じて取り換えられるように、室内の置物、身の周りの小物、身に付ける物などに使用します。

例えば、前述の赤は、怒りの感情がある場面には不向きですが、落ち込んだときに気力を奮い立たせたり、元気がないときにパワーを出させたり、プレゼン会議で自己ＰＲ力と説得力を増したいというようなときには役立ちます。計算能力や言語能力をアップさせたい、アイデアがほしい、記憶力を向上させたいときなどは、左脳を活性化する黄色が役立つでしょう。

職場環境には、暖色系と寒色系のどちらかだけに色が集中することのないように注意が必要です。また、ある特定の色のみを多用することも避けましょう。

どんなに効くお薬であっても用法・用量を守って飲まなければ、悪影響を及ぼします。色の使い方にも、やはり適度なバランスが大切です。

■疲れたときに好む色は?

明日はあの服を着て出かけよう!と決めていたのに、当日の朝、急に違う色の服を着て出かけたくなった、そんな経験はありませんか。何気なく選ぶ色には、実は、心や体の状態が隠されています。

人それぞれに好きな色はあるかと思いますが、普段から好きな色というよりは、最近よく目につく色、今日何となく気になる色、というものに注目してみましょう。

日々の肉体的な疲れや精神的なストレスが溜まってくると、好みやすくなる色があります。それは「緑」と「紫」です。好むというよりは、ふと気が付くと緑や紫を見ている、そう言えば今日は緑色の小物を身に付けている、最近なんだか紫色を綺麗だと感じるなど、知らず知らずに魅かれている場合もよく見受けられます。

ストレスケア、メンタルケアのひとつとして、私は「カラーセラピー(色彩療法)」

を行っています。そのカウンセリングの中で「緑」を選ばれた方が、「私、どうもグリーンは苦手で着られないんですよね～」とおっしゃいながら、ちゃっかり薄い緑色のストールをされていたり、オリーブグリーンのバッグを持たれていたりします。本人にとっては無意識の行動なのでしょうが、自然とその色を手に取ってしまうのです。

「もともと紫色は嫌いなのに、最近、紫色のネックレスばかりほしくなるんですが、買うべきでしょうか」と尋ねられた方もいらっしゃいました。もちろん「ぜひ購入して身に付けてください」と申し上げました。

人間には自分にとって必要な色を求める本能的な力があります。緑や紫に魅かれるようになったときには、無意識のうちに心身の疲れやストレスを緩和させようとしているのだと言えます。

色には温かく感じる暖色系と、冷たく寒く感じる寒色系がありますが、それぞれ、暖色系＝興奮、寒色系＝沈静というように心理的にも生理的も反対の働きがあります。

「緑」は暖色系である黄と寒色系である青を混ぜてできる色、「紫」は暖色系である赤と寒色系である青を混ぜてできる色、いずれも相反する色同士を混色しているため、調和の取れたバランスカラーなのです。言い換えると、心や体のバランスを取り、気持ちを安定させたり、ストレス状態を回復させたりする色です。

目で見ているだけでも色の効果はありますが、体に触れる部分に使用したり、体の中に取り込むようにしたり、意識してその色を使うことでより効果を得られます。その色の洋服や小物を身に付ける、ふだん持ち歩いて使用する物に多く使うようにする、食べ物や飲み物の色で体に取り入れる、入浴剤の色に使用するなど、色の効果を積極的に活用してください。

■ポジティブに！ コミュニケーション力もアップ！

メンタルヘルス不調を防ぐ上で、問題やその原因を追求するだけではなく、解決に役立つ対処法に焦点を当て、解決思考で取り組むことも大切です。何が必要なのだろう。何ができるのだろう。どうやったらできるのだろう。と建設的に考えていくためには、職場に何色を取り入れると良いのでしょうか。

アンガーマネジメントの章でも、怒りの感情が生まれるかどうかは、その人が出来事をどう意味付けするかによって異なるということをご説明しました。同じ出来事に対しても、ネガティブな感情で受け止めるのか、ポジティブな感情で受け止めるのかで、おのずと結果は違ってきます。前向きに明るく、ある意味「楽観的に」対処していくために、おすすめしたい色は「オレンジ」です。

「オレンジ」は「快活・健康・陽気」をイメージさせますが、食欲をわかせ元気になり、社交的になれる色です。ネガティブ感情を回避し、ハッピーな気持ちにさせたり、ショックや憂鬱感を和らげたり、人との交流やコミュニケーションの力を高めてくれます。食べ物のオレンジも免疫力を高める食品であり、心身ともに健康へと導いてくれます。

女性を優雅にさせる色としてオレンジを外装やインテリアに取り入れた東京のマンションでは、オープンして3年経過後も退去者は一人もおらず、安定経営につながっているという事例や、人を元気にするとして受付にオレンジのアクセントカラーを使用している病院もあります。

例えば、デスクの上にオレンジ色の小物を置く、文房具やコーヒーカップの色に使う、オレンジジュースを飲む、身に付けるものに取り入れるなどして、解決思考を高めてください。

また、ろうそくのようなオレンジ色の光にはリラックス効果もあるので、休憩室や食事室などには、温かい電球色の照明を使用します。淡いオレンジ色のカーテンやテーブルクロス、花瓶に生ける花の色などに用いるのも良いでしょう。

職場の人間関係でのトラブルは、コミュニケーション不足によるものが多く見られます。「オレンジ」とともに、コミュニケーション力を高める色としては「ピンク」も挙げられます。ピンクは、その濃さによってイメージも異なりますが、職場環境で取り入れるには、パステルカラーの優しいピンクが効果的です。緊張を和らげ思いやりや愛情を高め、人を許せないと感じているときや人間不信のときにも、心を穏やかにさせてくれます。美肌、若返り、女性ホルモンを向上させる色としても知られています。

海外の刑務所では部屋をピンク色にすることで、怒りや攻撃的な感情を抑制する作用があったとの報告があり、制服の色に使うことでお客様とのコミュニケーションが取れるようになり、売上が30％アップしたという美容室の事例もあります。昔は白一色だった病院や介護施設などでも、ピンク色の内装や制服を採用するところが増えました。

適切な色を活用することで、より良い人間関係を構築し、ストレスフリーな職場環境を作ることができます。

コストをかけずに簡単にできることがたくさんあります。その色のハンカチ1枚用意して、目の前に広げて眺めるだけでも良いのです。状況や心身の状態に合わせて、色の使い方をほんの少し工夫していくことで、大きな変化をもたらすでしょう。

■メンタルヘルスのために「オフィスアロマセラピー」

アロマセラピーと聞くと、良い香りを嗅いで何となくリラックスする、というイメージをお持ちの方も多いのではないでしょうか。実は、それだけではないのです。

アロマセラピー（芳香療法）は、自然の植物から抽出された「精油」を用いて、心身の不調を癒し、ストレス解消や健康維持に役立てる療法です。専門家の元では、病気や外傷の治療、病気の予防を目的としても行われています。私は西洋版の漢方のようなもの、とご説明することもあります。

精油は薬理効果のある芳香植物のエッセンスであり、その成分は呼吸器や皮膚を通して血液に取り込まれ全身に運ばれます。嗅覚のメカニズムが解明されるにつれて、香りが人体に及ぼす作用も科学的に証明されるようになり、香りによってストレスホルモンと呼ばれるコルチゾールが減少することもわかっています。

また、集中力や計算能力を向上させる、仕事のミスが減る、消費行動につながる、顧客との円滑なコミュニケーションを構築するなどの効果もあり、ビジネスアロマとして職場に導入する企業も増えています。

トヨタ「レクサス」ショールーム、ＡＮＡ空港内ラウンジ、ザ・リッツカールトン館内、伊勢丹新宿店婦人フロア、渋谷ヒカリエ ShinQs（シンクス）レストルームなど多くの企業・店舗が、オリジナルの香り演出を行っており、応接室や会議室、リフレッシュエリア、メンタルヘルスの相談室などに用いられる例も目立ってきました。

精油はアロマセラピー専門店だけでなく、百貨店や雑貨ショップでも入手でき、近年ではインターネットで手軽に購入できるようになりました。

ストレス軽減とともに仕事の生産性を向上させ、より良い職場環境を実現するために、アロマセラピーを活用してみましょう。

■職場の効率アップでストレス解消

職場に香りを導入することで、入力作業や計算のミス率を減らせる上に、長時間作業をしても疲労感を軽減できることが報告されています。

レモン系の香りをオフィス空間に使用した企業では、キーボード入力のミス率が50%以下に減り、1時間あたりの入力数は増加し、生産性が向上しています。

香りがある場合とない場合を比較した、仕事中および仕事後の自覚症状アンケートでは、香りがある方が、「頭が冴えている」「気分がさわやかで楽しい」「全身が軽い」「肩凝りがない」「足腰のだるさを感じない」などのポイントが高くなり、心身ともに良い結果が出ています。

香りを導入したオンキヨー・コールセンターでは、導入前に5%程度あった欠勤率が、導入後は2〜3%弱に下がり、離職率も低くなっています。

香りには人それぞれ好みがあるので、職場に導入するのは難しいと思われるかもしれませんが、実は、人間の嗅覚では感じ取れない程度の微細な香りであっても、心身に影響を与えることがわかっています。強い香りを使用する必要はありません。

また、アロマセラピーでは芳香成分の相乗効果を期待する意味もあり、通常2種類以上の精油をブレンドして使用します。単体の香りでは好き嫌いが分かれる場合も、ブレンドすると苦手な香りと感じられることが激減しますので、好みの問題はクリアできます。コーヒーも1種類の豆だけだとクセがありますが、ブレンドコーヒーだと飲みやすくなりますよね。

香りの種類や強さについても、社員同士での許容範囲のすり合わせを行えば良いでしょうし、仕事の効率が上がり、そのうえ心身の疲れを感じない職場になれば、おのずとストレスは軽減されます。


実際、前述のオンキヨーの事例でも、香りが苦手な人もいるだろうと、約2か月かけてまずは実験的にいろいろな香りを試してみたところ、オペレーター全員が口をそろえて「香りがあった方がいい」と導入を支持したそうです。香りを嗅ぐと気分が仕事モードに切り替わり、効率も上がるとのことです。

また、オフィス用品総合メーカーのコクヨは香りを使った体感温度への影響を実験し、ミント系の香りで空間の快適性が増すことを報告しています。つまり、真夏にエアコンの温度が同じでも、香りがあると体感温度が調整され、不快感が軽減するというのです。

職場環境の改善に香りが一定の効果を示すことは、実証されているのです。


仕事の集中力や記憶力を向上し、作業効率向上に役立つ精油は、ペパーミント、ローズマリー、レモン、ユーカリです。気分を切り替えられるリフレッシュ感がある香りです。

ペパーミント　：気分爽快な清涼感のあるメントールの香り
ローズマリー　：シャープでスーッと澄みとおるハーブの香り
レモン　　　　：さっぱり軽くフレッシュな柑橘の香り
ユーカリ　　　：クリアでシャープな清々しいグリーンの香り

これらの中から、2種類以上を選んでブレンドし、定期的にブレンドの種類や比率を変化させて室内に香らせると良いでしょう。
これらの精油はまた、消臭や抗菌・抗ウイルスにも優れているので、職場空間の臭いによる不快感を減らし、空気の浄化や社員の免疫力向上にも役立ちます。

ハンカチやティッシュに精油を垂らしてデスクに置くだけというような、ごく簡単な方法もありますが、アロマディフューザー（芳香拡散器）やアロマライト（電気式芳香器）を使用すると、室内に効率良く香りを拡散させることができます。

アロマディフューザーは、精油に熱を加えず自然な香りを空気中に拡散することができ、香りの強さを調整できるもの、タイマー付きのもの、光の色を楽しめるもの、業務用のものなど、色や形も様々なものがあります。性能によって数千円程度で購入できるものからありますが、空間の広さに応じて選んでください。

アロマライトは、電気の熱で精油を温めて芳香させるもので、ディフューザーよりも安価ですが、あまり広い空間には適していません。

他にも、アロマ機能付き加湿器や、ファン式芳香器などもありますので、場所や用途に応じて芳香器具を選ぶことができます。

■イライラを抑える香りとは？

アンガーマネジメントで、変えられない他人や状況に対して受け入れる選択をした場合、イライラしないためには現実的な対処策が必要です。

自分の好きな香りを嗅いで気分が落ち着くこともあるでしょうし、興奮を鎮める作用のある精油で、イライラを抑えて穏やかな心を取り戻すこともできます。人工の香りとは異なり、自然の精油成分は香りとして鼻から入り、呼吸器を通して血液中に取り込まれます。精油の持つ薬理成分はホルモン分泌を促し体へと働きかけるのです。

怒りの感情を解消するには、ラベンダー、オレンジ、カモミール・ローマン、ローズウッドの精油がおすすめです。軽い甘さを感じさせるリラックス系の香りです。イライラ解消に役立つだけでなく、緊張状態を解きほぐす、自律神経のバランスを調整する、不安や心配を取り除く、免疫力を高めるという働きがあります。

ラベンダー　　　　　：さわやかで優しいフローラル調のハーブの香り
オレンジ　　　　　　：フレッシュで甘くすっきりした果実の香り
カモミール・ローマン：甘酸っぱいリンゴのような穏やかな香り
ローズウッド　　　　：バラを感じさせるようなフローラルウッディーな香り

イラっとしたときに、すぐに対処できるよう、アロマスプレーを作っておきましょう。自分の好きな香りで2種類以上をブレンドします。小さなスプレー容器で携帯しておけば、いざというときにサッと空間にスプレーしたり、ティッシュなどにスプレーしたりして香りを嗅ぐことができます。

《アロマスプレー・レシピ》

スプレー容器

水20cc

精油 合計15滴程度

スプレー容器に水を入れ、精油を入れてよく振れば出来上がりです。

精油は「オイル」ですので性質上水には溶けず、表面に浮きます（一部の精油は沈みます）。使用前に毎回よく振ってからスプレーするようにしてください。

空間用のスプレーを想定しているため、水は水道水で構いません。お肌に直接スプレーするのであれば、精製水やミネラルウォーターを使用し、精油の分量も5〜6滴程度に減らします。衣服にスプレーするとシミになる恐れがあるので注意が必要です。

イライラしない体質改善には、毎日のアロマバスもおすすめです。

バスルームは他の部屋よりは密閉された狭い空間であるのと、お湯の蒸気とともに香りが立ち上がるので、呼吸器から効率的に精油成分を取り入れられます。同時に、お風呂に精油を入れることで肌からも微量の成分が浸透します。精油の働きに、入浴のリラクゼーション、温熱効果が加わることで、心にも体にも高いセラピー効果が得られる方法です。

38度前後のぬるめのお風呂に精油を最大5〜6滴まで入れ、混ぜながらゆっくりと浸かり香りを吸い込みます。時間があるときには、みぞおち辺りの高さまでがお湯につかるようにして、30〜40分、長めの半身浴をするのも良いでしょう。

敏感肌の方などは、お湯に溶けない精油に触れることで、皮膚が赤くなったりヒリヒリしたり刺激反応が現れることがあります。その場合には、精油量を少なめにし、お湯に溶けやすい基剤に精油を混ぜておいてからお風呂に入れると、お湯と精油が混ざりやすくなりマイルドなアロマバスを楽しむことができます。天然塩やお酒を基剤にすると、発汗作用や保温作用もより高まります。

対処法と体質改善の両面からアロマセラピーを実践していくことで、イライラによるストレスを解消し、自身のメンタルケアに役立ててください。

■憂鬱な気分を香りでハッピーに

オーバーワーク、仕事へのプレッシャー、職場での人間関係など、様々な原因で疲労感を感じ、落ち込んだりショックを受けたり、憂鬱になることもあるでしょう。そんなときにも精油は味方になってくれます。

香りの成分は一瞬で心身に働きかけます。例えば、痛みの刺激が脳に伝達されるまでに0.9秒以上かかるのに対して、香りの刺激が伝達される時間は、0.2秒以下です。そして、香りの刺激は大脳辺縁系に伝えられるのですが、快・不快を感じる部位に大変近いため、人の気分や情動が左右されることがわかっています。香りを嗅ぐことで、嫌な気持ちも良い気分に変えられるということです。

また、香りは体の生理的な反応にも影響を与え、記憶とも深く関係しています。レストランの前を通り、美味しそうなにおいを嗅ぐとお腹が鳴る、酸っぱいにおいを嗅ぐと唾液が出る、香りを嗅ぐことで懐かしい記憶が呼び起されるなどもその例です。過去の楽しい体験と香りが結びついている場合、その香りで安心感を覚えることもあります。

香りを上手に使えば、心や体の疲労を軽減することができます。

幸福感を感じる香りは自分自身が一番好きな香りとも言えるのですが、不安やうつ状態を解消し心を明るくしてくれる精油は、ローズ、ジャスミン、ゼラニウム、グレープフルーツです。

ローズ　　　　　　　　：気品あふれる甘さのフローラルな香り
ジャスミン　　　　　　：濃厚で甘美なフローラルの香り
ゼラニウム　　　　　　：バラに似た甘さの中にミントを感じさせるような香り
グレープフルーツ：やや甘くリフレッシュする爽快な柑橘の香り

香りによって、仕事と休息のオン・オフを切り替えることも大切です。業務スペースには仕事の効率を上げる香り、休憩スペースにはリラックスして心を明るくしてくれる香りと、ディフューザーやアロマスプレーを利用して使い分けると良いでしょう。

より積極的に自身のセルフケアを行うには、アロマトリートメント（アロママッサージ）が有効です。オイルマッサージに使用できる植物性オイルに精油を混ぜて、皮膚に塗布したり擦ったり揉んだりする方法です。嗅覚からだけでなく皮膚からも精油成分を吸収でき、心に働きかけると同時に、体の緊張やむくみやコリをほぐし、皮膚の保湿にもなります。

精油は植物の薬理効果を濃縮したエッセンスですので、原則、原液ではなく希釈して使用します。植物性オイルに精油を混ぜたもので行ってください。

《アロマトリートメントオイル・レシピ》

ふた付き容器

植物性オイル30cc

※スイートアーモンドオイル、グレープシードオイル、オリーブオイルなど

精油 合計12滴程度

容器に植物性オイルを入れ、よく振って混ぜ合わせれば出来上がりです。長期間保存すると酸化してしまうので、1か月以内を目安に使い切るようにしてください。

植物性オイルは専門店やインターネットで購入できます。オリーブオイルは薬局・ドラッグストアでは医薬品として「オリブ油」の名称で売られています。

仕事の休憩時間に、自宅で、幸福感を感じさせる香りでアロマトリートメントを行えば、心も体もネガティブな状態からリセットされるでしょう。

■もう一度考えたい「コミュニケーションの重要性」

不安や悩み、ストレスを感じる社員にとって、仕事の質や量はもちろん重要な要素ですが、やはり職場の人間関係が、メンタルヘルス不調や退職につながることも多いことは事実です。

アンガーマネジメント、カラーやアロマで環境改善を行うことに加えて、社員同士のコミュニケーション能力を向上させることは欠かせないでしょう。

コミュニケーションとは、わかっているようでわかっていない言葉かもしれません。語源には「分かち合う」という意味がありますが、意思・感情・思考などの情報を、言葉・身振りや手振り・表情・通信技術などのさまざまな手段を用いて、「互いに伝え合う」ことの総称と言えます。

職場でのコミュニケーションを図る場合、言葉による伝え方にも工夫は必要です。しかし、それ以上に大切なことは「非言語」の部分かもしれません。

・気づく人になる

人それぞれの価値観の違いをすり合わせしたとしても、価値観を統一することはできませんし、他人のすべてを理解することもできません。しかし、同じ職場で働く者同士、相手の考え方を受け入れ、気持ちに寄り添い、「気づく」「感じ取る」ようにᅟ心がけたいものです。

メンタルヘルス不調になる社員の多くには、行動面に前兆が現れます。普段、一緒に仕事をしている者同士だからこそ、気づいてあげられることがあるのではないでしょうか。

以下に、メンタルヘルス不調の前兆となる例を挙げます。

・欠勤や遅刻、早退が増える
・仕事が遅くなる、仕事の能率が低下する
・仕事のミスが増える
・急激に痩せる（太る）
・身なりに構わなくなる
・無口になる、テンションが低くなる
・感情の変化が激しくなる
・ぼんやりしていることが多くなる
・体に不自然な傷がある

例えば、一見喜ばしいことに思える結婚や昇進でさえ、今は幸せなはずだと決めつけられるものではありません。人によっては新たな環境に慣れずストレスを感じているかもしれません。部下との会話が多いからといって、コミュニケーションが取れているとも言えません。会話に出てくる言葉は、必ずしも本質を表してはいないのです。相手の外見や言動の変化を表情、声のトーン、しぐさも含めて感じ取ってください。

気づく人になれば、相手の長所や短所も見えてくるでしょうし、自分がどうすれば良いかも見えてくるでしょう。

上司に気づく力があれば、部下の長所に目を向けることができ、強みを伸ばしてあげることもできます。ストレスは自分の能力が発揮されない状況でも生じますが、人それぞれの強みに応じた仕事内容や人員配置にすれば、ストレスのない仕事に専念することができるし成果につながります。部下のそれぞれが最高のパフォーマンスを発揮できる分野で頑張れば良く、苦手部分を相互に補い合えば良いのです。結果として職場の生産性も向上されるでしょう。

気づく力は、コミュニケーション能力を向上させ、職場環境を改善するのです。

・共感力とは

コミュニケーションには共感的理解が大切だと言われます。広辞苑によると、共感とは「他人の体験する感情や心的状態、あるいは人の主張などを、自分も全く同じように感じたり理解したりすること」とあります。

確かに本当に同じ体験をした人であれば、共感はできるでしょう。しかし、そうでない限りは、「気持ち、わかります」という言葉を口にしない方が良いこともあります。安易に「わかります」を言われた相手は、「経験したこともないのに、本当にわかるの」と感じ、自分を受け入れてくれない人だと判断するかもしれないのです。

「仕事が苦しいんです」と打ち明けられたとき、あなたならどう答えますか。「その気持ちはわかるよ！」と言ってあげることが共感なのでしょうか。

「今、苦しいんだね」

「今まで辛抱強くやってきたんだね」

自分がどう思うかではなく、相手の気持ちに寄り添い、「この人だったら話を聞いてくれる」「この人だったらわかってくれる」と感じてもらうことが共感力なのです。

つまり、自分が相手の気持ちを理解することではなく、相手から「この人なら信頼できる」「この人とは心と心が通い合っている」という関係を築ける力です。

不安も怒りも悩みも、自分の問題を解決するのは自分自身です。ただ、解決思考に導くために周りが援助することはできるでしょう。仕事が苦しいと訴える社員に、どうなりたいのか、そのためには何をする必要があるのかを自分自身で決定できるように、上司や同僚がサポートすることはできるのです。

しかし、そこには信頼関係が必要です。たとえ、同じ言葉を聞いたとしても、信頼関係があるか否かで、受け取り方は全く違ってきます。相手から共感されるコミュニケーションを心がけていきましょう。

「頑張って」
「大変だね」
「可哀そうに」

励ましたつもりなのに、わかってあげようとしたのに、これらの言葉は相手を嫌な気持ちにさせることもあります。私は頑張っていないのか、私はそんなに大変なのか、私は可哀そうな人なのかとネガティブに受け取られることもあるということです。

もちろん言葉自体が悪いわけではありません。ただ、相手の気持ちに寄り添っているとは言えない場合もあるのです。

例えば、うつ状態で気持ちが落ち込んでいる人は、相手の言葉に過敏になっていることが少なくありません。「たいしたことないよ」「元気出して」「たまには笑顔を見せて」などと勇気づけようとする言葉であっても、気持ちが不安定で自分が頑張れないことに悩んでいる相手にとっては、かえって傷ついたり追い詰められたりしてしまう可能性があります。

私自身、うつ病のときに一番言われて辛かった言葉は「頑張って!」でした。今までずっと頑張ってきたのに…これ以上。まだ頑張らないといけないの。もう、無理!そんな気持ちでした。逆に「大丈夫!」とか「そのままでいいよ」というような、今の自分の状況を受け入れてもらえる言葉にホッとしたものです。言葉そのものよりも、優しいまなざしや手の温もりや声のトーンにこそ癒されたかもしれません。

相手の感情に寄り添い、相手からの共感を得られるように、表情、しぐさ、姿勢、声のトーンなど非言語のコミュニケーションを大切にしてください。

・肯定的な伝え方を

非言語のコミュニケーションは大切だとしても、もちろん言語によるコミュニケーションも必要です。相手に受け入れられる伝え方をしなければ、せっかくの思いも届かないことがあるからです。

まずは美点凝視の考え方です。相手の長所、優れた部分を発見し、魅力として訴え勇気づけるというものです。人間には当然のことながら長所もあれば短所もあります。しかし、欠点ばかり指摘されていたのでは、上手く人間関係が成立するものでないことはおわかりでしょう。

職場の人間の良いところに視点を向ける、職場で起こった出来事をプラスに受け取る、それだけで問題解決の機会や可能性が広がります。

人の性格も否定的な表現から、肯定的な表現へ置き換えることができます。

私は消極的だから　↓あなたは謙虚なんだね
彼はいいかげんな性格だ　↓彼はおおらかでこだわらない性格だ
彼女は頑固です　↓彼女は意思が強いです、信念を持っています

職場の中に一人や二人、どうしてもウマの合わない人、好きになれない人もいるでしょうし、相手の嫌なところしか思い浮かばない！と思うこともあるでしょう。私にもそう思うときはありますが、相手の否定的な部分を、どんな言葉に置き換えたら肯定的になるんだろう…と考えていると、案外楽しくなったりします。

部下や同僚からネガティブな悩みを聞かされても、それを肯定的に伝えることで、相手の不安や怒り、不満をポジティブな方向に変化させることもできます。

「仕事に疲れて、もう何もやる気が起きないんです」
↓
「今までずっと、頑張り続けてきたんだね」
「同僚に自分の意見が言えないの…」

←「協調性を大切にしているのね」

←「部下が最近、言うことを聞いてくれなくなったんだ」

「部下が成長してきたんだね。自主性を伸ばしてあげられたんだ」

伝え方、受け取り方しだいで、物事は全く違った方向に動いていきます。職場でのコミュニケーションを図ろう！といっても、まず自分から実践する人がいなければ成り立ちません。他人は変えられなくとも、自分自身をコントロールし、変えることはできます。自分自身が気づく力、共感力を持ってコミュニケーションを取っていくことで、自らの意思で相手が変わることもあるのです。

ストレスフリーな職場づくりに取り組まれる企業担当者、管理職の皆さんには、職場の人間関係をより良くするコミュニケーション能力の向上に、ぜひとも努めていただきたいと思います。

第5章

ケース事例から考える「高ストレス社員」への対策

ケース1：介護サービス業　施設運営部門で働くAさん

介護施設の現場スタッフ／同じ部門には30名のスタッフがいて、ローテーションで勤務／比較的短期で人が入れ替わる／人と関わる仕事

《現在の状況》

高齢者向け介護施設を運営するK社では、ストレスチェックを実施後に、施設運営部門で働く現場スタッフのAさんが、「高ストレス状態の疑いがある」との結果となりました。

一般的にも知られる通り、介護従事者のストレスは深刻な状況です。「スタッフが施設利用者を傷つけてしまった」「思わぬミスが重なり、事故が起こった」「心身ともに疲れ、スタッフが休職した」ということが日常的に起こっている中で、今後の人材確保や質の向上をしていくには、「現場でのストレスや負担が少しでも減るよう、取り組もう」と社内で取り組みはじめた矢先のことだったのです。

K社が運営する施設は、正社員・パートを含め他と同様に職員の入れ替わりが激しく、新たに採用をしても、長続きしません。そのため、経験が豊富な現場スタッフは自分の仕事だけでなく、新たに採用した職員の教育やフォローをしなければな

らず、常に負担がかかっている状態でした。現場スタッフが一人でもミスをすれば、他のスタッフや施設の入所者からも責任を指摘されることもあり、精神的な負担も大きいものがあったようです。しかしながら、日々の業務は忙しく、新規採用も人手不足でままならない状態だったことから、改善されることなく今を迎えています。

《対応策》

K社では、高ストレス状態の疑いがある社員が働く施設だけでなく、全国各地にある同様の施設でも、改めて「仕事に対する悩み」を調査することにしました。実施にあたっては、同じ部門の上司が関わると回答しづらくなることが想定されるため、まずは書面で回答の上、郵送し、集計を別の会社に依頼する形を取りました。

この調査で明らかになったのは、多くのスタッフが、多少なりともストレスを抱えており、いわゆる「高ストレス社員予備軍」と考えられるスタッフも多数存在するという事実でした。「このままでは、さらに退職者を出してしまう」と、本社では危機感を持って、具体的なアクションを起こすことに。意識したのは、リーダーなど個人に対応を委ねるのではなく、組織的に取り組む「ラインケア」で改善を図ることでした。

■日々の出来事や課題を話し合える場をつくる

K社の施設は24時間体制で入居者の介護をしています。スタッフはローテーションで勤務しているため、全員が顔をあわせて意見を出し合う場を設定することが難しい状況でした。そこで、各部門のリーダーには、全スタッフに「会社として、職場改善に取り組みたい」旨の趣旨説明を丁寧に行った上で、あくまで個人の評価基準にならないよう留意しながら、匿名で意見を集計し、フィードバックする形を取ることにしました。

一般的に介護職は、不規則な交代制勤務、他の専門職に比べて賃金が低い、認知症などを患っているためコミュニケーションが取りづらいなかでのケア実施など、非常にストレスを感じることが多い職種の一つです。リーダーによるヒアリングでも、こうした問題に関する意見が多く寄せられました。

Aさんについては、疾病や障害により感情のコントロールが困難な利用者に対して、ストレスを感じていたようです。「お前に世話なんかされたくない！」「あっちに行け！」「勝手に私のものに触るな！」など、浴びせられる激しい言葉や抵抗に思い悩んでいたのです。本来であれば、感謝されても良いような状況であっても、このような対応を受けてしまう。もちろん、こうした現実も介護のプロである職員は乗り越えなければならないところですが、これが毎日となると、怒りの感情が湧くこともあり、メンタルヘルス不調に陥ってしまうのです。

そのため、ついついイライラしてしまい、言葉がきつくなったり態度に出てしまったりすることも。怒りの感情が周りにも連鎖することで、職員全体に悪影響を及ぼします。

しかし、同じように利用者から激しい言葉を浴びせられても、怒りを感じない人は存在します。つまり、怒りの原因は出来事ではなく、Aさん自身の中にあるのです。一生懸命ケアをしていることに対して、「喜んでくれるはず」「感謝すべき」というような、自分が当然と思っている「べき」と利用者の言動にズレが生じたときに、イライラの感情が生じるということです。

グループワークでは、こうしたAさんの事例から、「人それぞれ価値観が違う」ということを再認識することからはじめました。先述の通り、ローテーション勤務のため一堂に会することはできませんが、少人数でのグループワークをくり返し実施しました。

ここで、第2章でご紹介した「べき」の境界線3重丸の図を用いて、身近な題材から楽しくワークをする中で、職員たちはお互いの価値観の違いを理解していきます。例えば「目玉焼きにどんな調味料をかけますか」との質問を出し、塩コショウ、醤油、ソース、ケチャップ、マヨネーズなどの選択肢を皆で指差しします。そして「絶対に醤油」「どんな調味料でもＯＫ」「マヨネーズだけは無理」など、お互いが自分の価値観を口にしました。

目玉焼きにどの調味料をかけようが、味の好みは自由です。正解・不正解もありません。しかし、それぞれの言い分を聞けば、それぞれの価値観があるということを理解できます。さらに、自分の価値観に固執している自分に気づくことができるかもしれません。そして、「自分とは少し違っていても、許せる」という着想から心が広がり、それがストレスケアにつながるのです。

■スケールテクニックを活用し、コミュニケーションを促進

それでは、利用者との価値観の違いについてはどうでしょうか。

まずは、相手の立場から考えてみましょう。「誰だって、好きで介護されているわけじゃないよね」「認知症だと、疑り深くなることもあるよね」「歳をとると頑固になってしまうもの」と冷静に考えることができれば、それだけでもイライラが緩和されていきます。目の前にいる利用者がどうであれ、関わらないわけにはいきません。ならば、悩みやネガティブな感情を抱くよりも、アンガーマネジメントを活用し、相手を受け入れ、ポジティブな思考へ転換できるよう取り組んでいく方が賢明と考えます。

グループワークの中では、スケールテクニック（第2章）も行いました。これは、一つの出来事に対して、「自分の怒りは何点なのか」を考えるもので、人それぞれに違いがあることも理解できます。

例：利用者に介助しようと近づいたら「触るな！」と怒鳴られた。

Aさんは6点を付けたのに対し、同じ部門のBさんは3点、Cさんは1点となりました。これまで自覚がなかったAさんも、BさんやCさんより点数が高い現実に、「自分が怒り過ぎなのかな」と気づくことができました。Cさんは「自分にとっては何でもないことだけど、大きなストレスを感じる人もいるんだな」と考えられるようになりました。そんなワークを続けるうちに、職員同士のコミュニケーションも変化していきました。

　利用者から理不尽な対応を受けたときにも、職員同士で「今、何点ですか」と言い合っていると、以前はイライラしたことも笑い流せるようになったり、お互いの怒りのポイントも把握できるようになったり、誰かがイラッとしても周りがフォローできるようになっていきました。

■周囲と協力し「タイムアウトする」選択肢も

　自らの感情をコントロールできるように体質改善していっても、やはり「カッとなってしまう場面」に直面したら、どうすればいいのでしょうか。

　おすすめしたいのは、自分だけで溜め込まずに、周囲の仲間やリーダーにサポートをお願いし、いさぎ良くタイムアウトするという選択肢を持つことです。自分が冷静に、客観的に物事を考えられるまでしばらくその場を離れます。これは、自分と利用者の双方を守るための手段です。

どうしてもその場を離れられない状況なのであれば、まず深呼吸をして、6秒間数えます。緊張状態をほぐし、怒りの感情のピークをやり過ごすことで気持ちを落ち着かせるのです。

■香りを使ったメンタルヘルス対策

また、日ごろからイライラ感情を抑えるための対処法として、香りを使うこともおすすめしたいですね。第4章ではリラックス系の香りとして、ラベンダー、オレンジ、カモミール・ローマン、ローズウッドなどの精油を挙げましたが、人によっては、甘い花系の香りよりさっぱりとした柑橘系の香りを嗅ぐ方が、心が落ち着くということでした。

精油にはその薬理成分によって自律神経やホルモン分泌に働きかける効果がありますが、単純に「好き」な香りには、その人にとってのリラックス効果があります。

Aさんには、オレンジとグレープフルーツのブレンドしたアロマスプレーをおすすめしました。いざというときに、空間ではなくハンカチやティッシュペーパーにスプレーして、香りを嗅ぎながら深呼吸をすることで、イラッとしたときの感情を落ち着けることができました。同様な悩みを抱く職員には、それぞれに合わせた好きな香りのアロマスプレーを持ち歩くことをおすすめしました。

香りの刺激はスイッチのような働きをします。好きな香りを嗅いで心地良さを感じることで、ネガティブ感情からポジティブ感情へとスイッチを切り替えるのです。

アロマで自分たちのストレスケアができるようになると、それを介護の利用者に対しても実践してみてはどうかという意見も上がりました。

リラックスできる精油、明るく元気になる精油だけでなく、認知症にも有効とされるローズマリーやレモンの精油を使って、利用者へのハンドマッサージを行う機会を作ってみました。すると、喜んでくれる利用者も増え、職員と利用者とのコミュニケーションも各段に向上していったのです。

ストレスの原因となるものを軽減することがメンタルヘルス対策の一つの方法ですが、かといって、ストレスを完全になくすことはできないかもしれません。

だからこそ、考え方を少し変えてみて、職員が楽しく仕事をしていく方法に取り組んでいくことで、結果的に職員のメンタルヘルスの向上につながり、介護の質を向上させることにもつながりました。

ケース2：製造業　営業マンとして働くEさん

製造業の営業部に配属されて3か月ほど／部署内の従業員は10名／何十年と働く従業員が多い／営業ノルマがある／部署をまとめるリーダーは強権的

《現在の状況》

業界では老舗との声が高いメーカー・F社では、3か月ほど前に営業部へ配属されたばかりのEさんが「高ストレス状態」との結果になりました。営業部は会社の花形でもあり、勤続十年以上の社員が多いのですが、一方で新しく配属となった社員は毎年のように退職している現状もありました。ただ、他の社員が結果を出していることから、退職した社員は「営業に向いていないんだろう」と考えられ、放置されてきた経緯がありました。

Eさんに話を聞くと、「不景気でモノが売れない」「営業目標、利益達成のノルマが厳しい」「長年勤めて営業成績を上げている社内の他社員との競争がある」「顧客の新規開拓や同業他社との競争が激しい」などの事柄がストレスになっていたようです。さらに、悩みがあっても同僚はライバルであり、心を許せる相手ではありません。また、本来は部下を守る役割であるはずのリーダー・Gさんは強権的で、結果や数字しか見ていません。悩み、そしてノルマが達成できないことから叱責されることも多く、結局は自分の中にため込んでしまっていたようでした。

F社ではEさんの結果とともに、近年ではSNS（ソーシャルネットワークサービス）を介して退職者が発信する悪評により、取引先からもクレームが聞こえはじめていたことから、これを機に職場改善の取り組みをスタートさせました。

《対応策》

■個々ではなく、チームで結果を出す体制にする

F社では、営業マン個人ではなく、複数の社員によるチーム単位で営業成績を伸ばしていく体制に変更しました。これにより、成績以上の営業マンは同じチームに所属する他の営業マンを成績アップさせるアクションが求められたことから、全体的な営業成績は多少の落ち込みを覚悟しなければなりません。しかしながら、長い目で見て会社を存続させていくことを優先し、アクションを起こしました。

Eさんから話を聞くと、「製品の特長やメリットをわかりやすく説明するのが苦手」「営業成績に焦り、新規顧客と上手にコミュニケーションが取れない」という

悩みがあるとのこと。しかしながら、本来は人当たりも良く、相手との会話を愉しめる穏やかな性格であることから、この良い面を伸ばすことが大事だという結論に達しました。チーム制では、所属する社員同士がフォローし合い、たがいに得意な点を生かして営業できることが期待できました。

■会社の休憩スペースを改善

チームとして成果を出していくためには、これまで以上に個々の価値観や目標、志などを共有していく必要があると考えました。そこで着目したのが、会社にある休憩スペースです。

社員の気分転換、またちょっとした話し合いや打ち合わせに使えるよう、会社では休憩スペースを設置していました。今は分煙となっていますが、かつては喫煙者が多かったこともあり、部屋としての仕切はできるようになっていますが、壁や床はやや濃いグレー色で無機質な空間になっています。

薄いグレーは、シックで穏やかな色ですが、濃くなると「陰気で不安を感じさせる」「無気力にさせ、社交性を乏しくする」という作用もあります。実際にF社の休憩スペースでは、無言でコーヒーを飲む社員が多く、社員同士が楽しそうに談話する姿は見られませんでした。

しかし、内装を変えるには一定のコストがかかるため、まずはすぐに変更できそうなものから着手するようにしました。

まずは、観葉植物です。「緑」は気持ちを穏やかに安定させストレス軽減につながるだけでなく、人と人との調和を図り人間関係のトラブルを解消するのに役立つとされています。そこで、オフィスに適した観葉植物を数カ所に配置しました。

次に、休憩スペースの壁に、淡いコーラルピンク（オレンジがかったピンク）を基調とした大きなタペストリーを飾りました。オレンジもピンクも社交性やコミュニケーションを高める色ですが、淡いコーラルピンクにすることで、不安を取り除き心身のリラックスに役立ち、優しい気持ちで会話ができるようになるのです。また、テーブルには、癒し効果のある柔らかいパステルトーンのイエロー、ピンク、オレンジの花を生けるようになると、他の社員から「職場に花があるとホッとする」「安らぐ」といった声が上がりはじめました。

改善が為された休憩スペースは、Eさんにも好評でした。以前とは違い、穏やかな気持ちになるそうです。そんなある日、偶然にも休憩スペースで強権的と感じていたリーダーのGさんと居合わせた際、このリーダーが発した「今日の花もいいね！」との言葉に、「そうですね、元気が出ますね！」とごく自然な会話ができたといいます。その後も、

Eさん「この前、お客様がなんだか落ち込んだ様子だったんですが、オレンジ色の花でも見れば元気になってくれるかもしれません」

リーダー「なるほど、そうやってお客様を気遣えるのは、お前のいいところだな」

という会話になり、これがきっかけで人間関係が打ち解けました。

そんな変化は、他の社員にも表われました。今までは数字と自慢話ばかりだった社員同士の会話が、「この前、お客様にこんなクレームを受けてね、まいったよ」「あれ。今日、ちょっと顔色悪くないか」など、仕事の悩みを打ち明けたり、お互いの様子を気にしたりする姿が見られるようになりました。

■アンガーマネジメントのストレスログを活用

こうした職場の変化には、リーダーのGさんも驚き、さらに改善を進めたいと考えるようになりました。営業チームとしてどのように対処していけば良いのかを考え、ストレスログを用いて整理するグループワーク会議の場を設けました。

会議では、

①自分が変えられるのか、変えられないのか

②自分にとって重要か、重要でないか

を考えて、お互いに共有することにしました。例えばEさんと同じチームのHさんは、営業成績が上がらない部下にイライラしていましたが、これは「部下を何とかして変えてあげたい」との想いによるものだと気づきました。ここで、変えられないとイライラするよりも、自分自身が変わろうと考え、相手を責める言い方を改めることにしました。

また、Eさんとは別のチームにいるIさんは、自身の営業成績が上がらず悩んでいましたが、悩みで立ち止まることなく前へ進もうと決め、これまで直視できなかった自分の欠点を見つめ直しました。そうすると、悩みの根本には、「素直な気持ち

でわからないことを聞く、教えを請う」ことができていないことに気づき、この姿勢を変えることにしました、

こうした変化や考えをストレスログとして整理することは、早急に対処する大切なことは何かを考える機会となり、社員同士の思いにお互いに気付くことにもつながり、結果、社内コミュニケーションが向上しました。

新製品の売上ノルマに対しても、個々の取り組みだけでなく、チームで目標を達成させるためにはどうしたら良いかをお互いに意見を出し合えるようになり、共有できるようになりました。

■理不尽なお客様への対処法

営業という仕事がら、お客様から理不尽なクレームを受け、それがストレスにつながることも少なくありません。過去にも長年勤める社員の中にも、無理やり感情を押し殺して仕事をしてきた結果、胃潰瘍や十二指腸潰瘍、自律神経失調症を患うまでになり、入・通院をするケースが後を絶ちませんでした。しかし、チームで動

くようになってからは、同じようなクレームを受けても、ストレスに思う社員とそうでない社員がいることがわかってきたのです。

チームでは、過去に受けたクレームを思い返して、重要性に対して点数をつけてみました。

「約束した訪問時間には必ずいるべき」＝Eさん：8点　Gさん：3点　Iさん：5点…

「納期の急な変更はすべきではない」＝Eさん：9点　Gさん：6点　Iさん：4点…

自分自身が「こうあるべき」と思っているものをあげると、自分自身のこだわりの部分が見えてきます。また、他の社員の点数と照らし合わせることで、お互いのこだわりや価値観の違いが把握できます。チーム内でも、これだけ違いがあるということを改めて感じることで、お客様の価値観との違いも受け入れられるようになりました。一見、理不尽な言動であっても、「まあ、それもわかるかな」とか「そういう考え方も一理あるよね」と思えるようになると、格段にストレスが減りました。

■お客様とのコミュニケーションに、色の効果を活用

営業チーム内で価値観を共有していく中で、お互いにコミュニケーションの大切さを改めて感じて、お客様に対しても「色」を活用していくことを考えました。

今まで製品パンフレットは茶封筒に入れていくことが当然だったのですが、これをパステルピンクにしてみたところ、今まで特に反応を示さなかった担当者の方から、「あれ。封筒の色、変わったんだね」「おたくの封筒、女性社員たちに好評だよ」と声をかけていただけるようになりました。さらには、ゆっくりと新製品の説明を聞いていただけるようにもなったのです。

セールストークが苦手だったEさんは、リーダーであるGさんの真似をして、赤いネクタイで営業に行くようになりました。それからは、堂々と説得力のある説明ができるようになったそうです。赤の持つ積極的でエネルギッシュなパワーのおかげで、「Eさんの説明は、理路整然としていてわかりやすいね！」と誉められるようになり、自信をもってお客様とやり取りができるようになったのです。また、こちらに非がある場合には、控えめで誠実さを感じさせる濃紺や濃いグレーのスーツに身を包み、気持ちを穏やかにするブルー系かグリーン系のネクタイをしめること

にし、お客様の感情を逆なでしないような工夫もしました。
また、お客様にフラワーアレンジをプレゼントするキャンペーンを実施しましたが、こちらはピンクやオレンジ色のお花をチョイスしました。キャンペーンは大変好評で、交渉もよりスムーズに進行するようになりました。

F社はこれらの取り組みを数年がかりになると目算を立てていましたが、はるかに早いスピードで、所属する営業部の雰囲気は変化していきました。Eさんも元気に働き、営業成績をグンと伸ばすように。チームまた営業部全体でも、従来を上回る成績となっており、今後さらに伸長することも想像に難くありません。

ケース3：情報サービス業　プログラマーとして働くMさん

SEと違って、客先に出ることはほとんどない／部署内は20名／転職組が多く、年齢よりも経験がものをいう職場／勤務時間は10時間以上で残業が多い／専門性が高い分、リーダーの統率力が弱い

《現在の状況》

いわゆるＩＴ企業で、主に法人向けのシステム開発を手がけるＰ社では、ＩＤカードをかざして社内に入れば、食事を除いてほぼ外出もなしで一日を過ごします。会社ではＳＥと分業が為されており、客先に出ることもありません。残業が多く、長時間労働に。社内では、それぞれがパソコンを直視しつづけるため、社員同士の私語もなく、電話もほとんど掛かってきません。フロアではただ、キーボード音がずっとカタカタ聞こえてくるだけの状態です。完璧主義で真面目な社員が多く、仕事に集中し過ぎて、常に疲れが抜けない日々です。それぞれの専門性が高い分、リーダーは名目上置いているだけで、統率することはありません。そのため、経験が浅い社員が配属されると、スキルを磨くことがままならず、悩んだ挙句にうつ病となり、休職する社員も常に数人いる状態が何年も継続しています。

そんな中で実施したストレスチェックでは、メンタルヘルス不調を抱える者が多数存在し、Ｍさんは「高ストレス状態」と診断されました。

《対応策》

厚生労働省による平成25年労働安全衛生調査では、メンタルヘルス不調によって連続１か月以上にわたって休業・退職する労働者がいるという企業の割合で、情報

【産業別】メンタルヘルス不調により連続1か月以上休業又は退職した労働者のいる企業割合

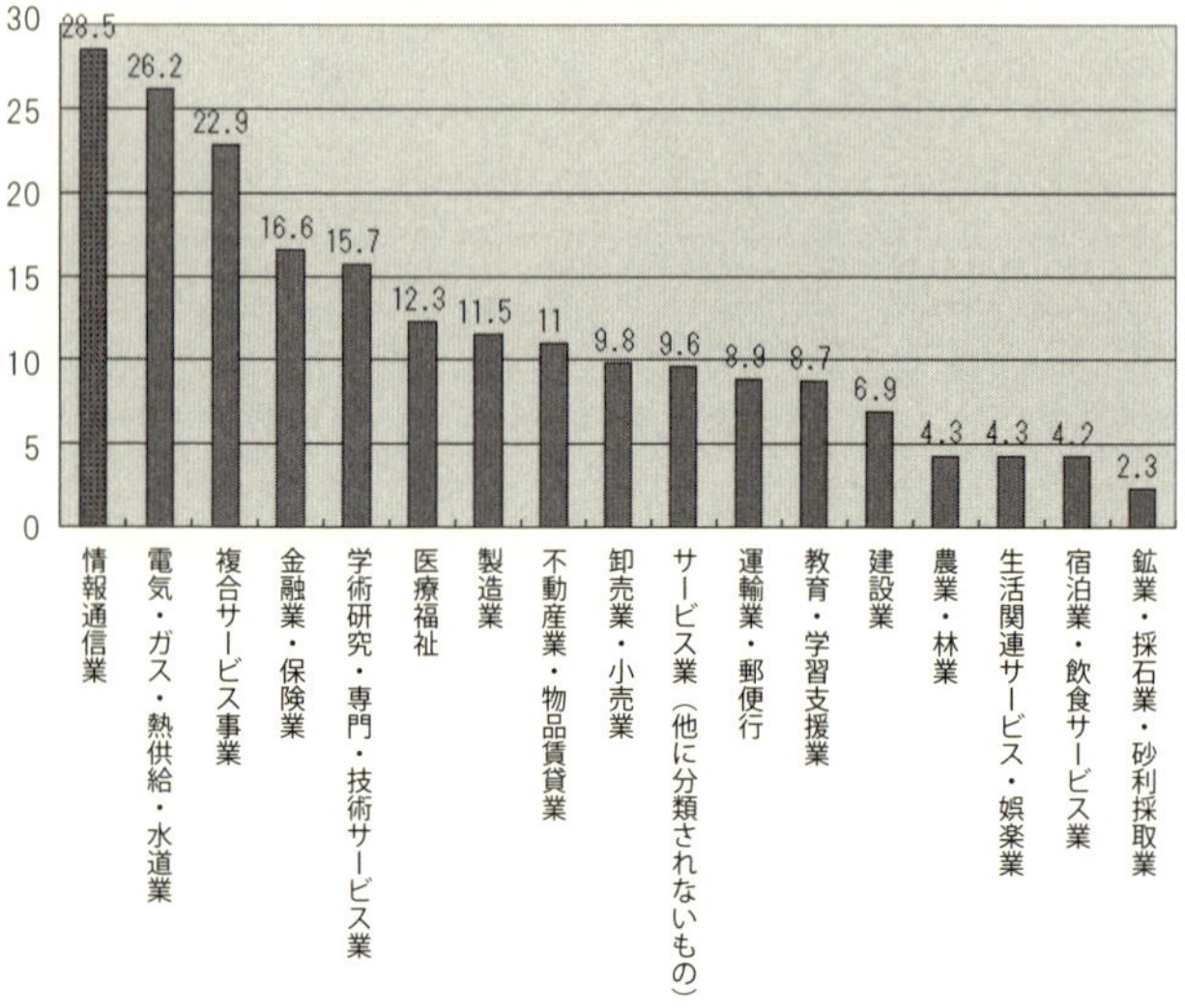

通信業は28・5%とトップになっています。タイトなスケジュールでの納品に追われることが多いため、部署内で業務以外の会議を持つ時間を割くことはできません。そのため、まずはｗｅｂ上でいつでも回答できるような形でアンケート調査を実施しました。

アンケート結果から見えてきたのは、長時間労働による心身への影響、仕事へのプレッシャー、さらには緊張状態の継続により、精神的にリラックスできしてオフ状態を作ることが

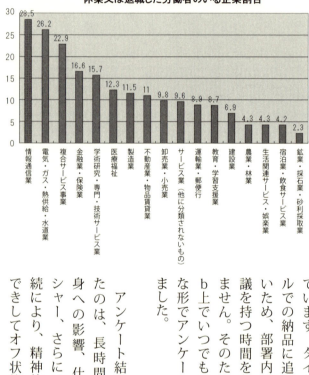

できないということでした。

これら状況の改善は、メンタルヘルスケアだけでなく、仕事でのパフォーマンス向上にも効果があります。緊張（集中）と弛緩（開放）のバランスを取ることが重要で、これができれば集中力の持続、勤労意欲の向上を生み出すのです。P社では、これらアンケート調査を定期的に実施することにしました。

■フロアの色を変える

P社はベンチャー企業として出発したことから、創業当時の革新性や行動力をイメージして「赤」を基調として、フロアでも赤色を取り入れたデザインにしていました。例えば、それぞれの作業スペースを仕切るパーテーションやオフィスチェアを赤色で統一し、真っ白な壁とのコントラストで活気あるスペースを演出していたのです。

しかし、今回の事態を受け、専門家の意見を参考に社内環境について見直すことにしました。人間は、赤色に囲まれた空間にいると、時間感覚が長くなってしまうそうで、実際には30分が経過した状態であっても、感覚的には2倍の1時間程度が経過したと思ってしまうのです。また、交感神経が常に活性化され、疲労感も増すという逆効果を生んでいたのでした。

そこでP社では、赤色とは反対に、体感時間を短く感じさせ、集中しやすいとされる青色を取り入れ、パーテーションやオフィスチェアを青色に変更しました。また、パーテーションは低めにして圧迫感を減らし、オフィスデスクは精神を安定させてストレスを解消するクリーム系のベージュにしました。

カラーの変更による効果は即座に表われました。1週間も経たないうちに、「今までより集中できるようになった」「頭がすっきりして疲れない」「あっという間に1日が過ぎて、楽に感じた」などの意見が上がったのです。

長時間同じ姿勢で頭を使いながら作業をくり返すには、心身に刺激を与えない色使いが必要です。さらに疲れない空間とするためには、真っ白い壁よりも彩度をやや抑えたオフホワイトが理想ですが、プログラマーの場合はデスクで着席し続けている状態になるため、今回の変更で十分に対応できました。

■色は「コミュニケーションを引き出すツール」にも

Ｐ社はカラーの変更で、リラックスしながら集中力が持続する空間を作り出しましたが、プロジェクトも人間の感情も常に変動するので、それぞれに応じてカラーを変えることも大切です。プログラマーであれば、気合いを入れて作業スピードを上げるときには、暖色系のカラーを取り入れて、心身を活性化することが考えられます。

そこで、カラーを簡単に取り替えられるアイテムとして、ＰＣモニターのスタンドと、デスク上に固定させるドリンクホルダーについて、数色を用意して、プログラマーが状況や心境に合わせて選べるようにしました。

カラーと選ぶ基準については、

赤：エネルギーを増強させたいとき。自分を奮い立たせたいとき。
オレンジ：元気になりたいとき。バランスと芸術性を重視したいとき。
黄：アイデアがほしいとき。冴えた頭脳になりたいとき。

オフホワイト：落ち着いて仕事を続けたいとき。

などがあり、プログラマーに説明しました。

これまでは、決められた色彩空間の中に閉じ込められていた社員でしたが、自分のデスク周りのカラーを自在に選択できるようになったのが気分転換、また自身の気持ちを確認するようになり、気持ちを明るくさせるようになりました。さらには、カラーが持つ効果を実感し、「リラックスのためにミニ観葉植物をデスクに置こう」「コーヒー用のマグカップをピンクに変えよう」「紫の筆記用具やファイルを使おう」など、自分なりに考えながら仕事に取り組む姿も見られるようになりました。

Mさんもこうした取り組みで、毎日のように重く感じていたストレスから少しずつ解放され、仕事への意欲も高まりました。さらには、これまで会話一つせず、それぞれが仕事に取り組んでいた職場でしたが、選択するカラーから「新しいアイデアがほしいのかな」「納期が迫っていてがんばっているな」と、相手のことを思いやる気持ちが生じてきたといいます。

「そんな仕事だから仕方ない」と言ってしまえばそれまでですが、やはり実際には社内での孤独感から、心身不調に陥ることもあります。今回の取り組みにより、休憩中には社員同士が会話する姿が見えるようになり、自然とコミュニケーションを取る機会が増えてくると、仲間意識が芽生えはじめました。

■香りで、オンとオフを切り替える

P社では、香りをつかった取り組みにも着手しました。冒頭に記した通り、P社のアンケートでは「オフ状態がない」とありましたが、このオン・オフの切り替えを香りで行うようにしたのです。

香りについては、3万円程度の業務用小型アロマディフューザーを導入しました。作業フロアでは、これを使い、集中力を向上しリフレッシュさせる「レモン」と「ペパーミント」の香りをそれぞれブレンドし、空間に拡散させました。これがオンの香りになります。

つぎに、休憩室入口ドアの前と喫煙ルーム内には、業務用よりもシンプルで廉価な家庭用アロマディフューザーを設置しました。ちなみに休憩室では食事をする社員がいるため、香りが混ざらないよう入口に配置したのです。香りはラベンダーとオレンジのブレンドで、甘くやさしい香りにより心身をリラックスさせることができます。

先述の通り、効率良く仕事を進めるには、緊張と弛緩のバランスが大切です。これはどちらか一方だけが続くのではなく、これらをスイッチのようにパンと切り替えられるようにし、仕事・リラックスそれぞれに徹することが重要です。香りの信号は1秒も経たないうちに脳に伝達されるので、スイッチの切り替えには最適といえるでしょう。

これによりMさんを含めたプログラマーは、仕事での集中力が増し、作業ミスや残業時間を低く抑えることに成功しました。また、職業病ともいうべき肩こりや足腰のだるさについても、楽になったとの回答が。休憩時間についても、十分にリラックスができており、いつもより長く感じるという社員の意見も寄せられました。メンタルヘルスだけでなく、健康維持にも役立っているようで、生産効率も飛躍的に伸ばしています。

エピローグ

私が仕事で独立してから20年を迎えようとしています。

もし、20代のころに心の病気にならなかったら、今の仕事をはじめることはなかったかもしれません。証券会社の営業時代、ドクターストップを受けた2か月間は、私の人生のターニングポイントでした。それまでも好きで勉強していた「色」を使って、毎日毎日、絵を描いたりコラージュを作ったり、色彩心理の本を読みまくったり、友人から教えてもらった「精油」というものを初めて買って、自分の気持ちの良い香りを嗅いだり…。

今思えば、自分自身で知らず知らずのうちに、色と香りを使って癒されていったのではないでしょうか。ふと、「会社を辞めて独立しよう!」と思ったのです。

心の病気になってから身を以て体感したこと。それは、心と体はまさにつながっているということ、そして、内面と外見もまたつながっているということです。

心の健康は体にも影響を及ぼします。精神的に落ち込むと胃が痛くなったり頭痛がしたり、体調がすぐれないと気持ちも明るくなれなかったりします。また、心が元気な人は表情も輝いて見えたり、外見を磨くと自信が湧いて、性格も明るく内面の輝きを増したりします。

だからこそ、心も体も、内からも外からも人を輝かせ、個性と魅力を最大限に引き出すお手伝いをしたいと、カラーやアロマ、メイクを提案するビューティープランナーとしての活動が生まれました。そこに、もっと深く心の部分を取り入れることの重要性を実感し、心理学、コミュニケーション、アンガーマネジメントなどを学び、メンタルケアコンサルタントとしての活動が加わりました。

私は岡山県北部に住み、独立長所には東京や大阪、時には海外に出向いて知識や技術を習得しました。なぜなら、岡山県内に学べる場所がなかったからです。何かを学びたい、資格を取得したいとなると、地方在住者にとっては不利な状況がありました。

岡山県では学べない…であれば、学べる場所を自分が作ればいい！そう思ったのが、スクール運営をはじめたきっかけでした。

地方にいても全国レベルの知識・技術を習得できる、資格取得できる、そんな場所を作るために、自分自身も常にスキルアップに努め、県内で初めて、また唯一の資格取得コースなども開講してきた経験があります。スクール受講生は、地元の方だけでなく、中国地方はもとより、近畿・四国、遠く沖縄から受講してくださった方もいらっしゃいます。「ここで学んで良かった！」「パワーをもらえて元気になれた！」「人生が変わった！」などのお言葉をいただくたびに、私自身も幸せになれます。そして、卒業生が全国で独立開業して活躍している姿は、私の励みでもあります。

おかげさまで私自身も、地方在住にもかかわらず、全国各地でセミナー、講演、イベントのお仕事をさせていただいていますが、それでも、まだまだ都市部と比較すると不利なこともあります。

けれども、これから先、地方にいても全国に情報発信できるのだということを、さらに実践していきたいのです。

この20年間を振り返ると、本当にたくさんの方々との出会いやつながりのおかげで、今の自分が生かされているのだと感じます。人としても経営者としても、まだまだ未熟な私ではありますが、これまでの経験もふまえて、心も体も健康で美しく人生を彩る方法をお伝えしていくことで、少しでも皆さんのお役に立ちたいと考えています。

本書の発刊は、思いがけないご縁がきっかけとなり実現しました。ご縁をつないでくださった皆さん、発刊をご推薦くださった経営コンサルタントの赤松範胤様、カナリアコミュニケーションズの佐々木紀行様、編集の小田宏一様に厚く御礼申し上げます。

そして、時には叱咤激励しながら私を支えてくださった皆さんの深い想いに、心から感謝しております。これからも、人とひととのつながりを大切にしていきます。

本当にありがとうございました！

２０１６年１月

石井　香里

参考文献

「この怒り何とかして!!と思ったら読む本」安藤俊介　リベラル社
「アンカーマネジメント　怒らない伝え方」戸田久美　かんき出版
「人を動かす力」椎名規夫　明日香出版社
「新編 色彩科学ハンドブック」日本色彩学会編　東京大学出版会
「色の秘密　最新色彩学入門」野村順一　文藝春秋
日本アロマコーディネーター協会テキスト
一般社団法人 日本アンガーマネジメント協会テキスト

石井　香里（いしい　かおり）

有限会社アクティ　代表取締役
メンタルケアコンサルタント
カラー・ビューティープランナー

大学卒業後、証券会社営業職を経て創業。人それぞれの個性を引き出し、心身ともに美しく輝かせること、快適で癒される環境を創り出すことをテーマに、店舗や住宅、商品、イベントのプロデュースを手がけ、全国で講演、企業研修を実施。その対象は企業、行政、商工会議所、教育機関、医療・福祉分野まで幅広い。アンガーマネジメントやコミュニケーションスキルと、カラー、アロマ、メイクを連動させたメンタルケアマネジメントを得意とし、メディア出演・執筆も多数。

一般社団法人日本アンガーマネジメント協会認定アンガーマネジメントファシリテーター
特定非営利法人コミュニケーション能力開発機構認定コミュニケーション能力マスター
公益社団法人色彩検定協会認定色彩講師
一般社団法人 JMA（日本メイクアップ技術検定協会）本部認定講師
日本アロマコーディネーター協会認定インストラクター

有限会社アクティ／アクティ・カレッジ
http://www.acty-web.com
info@acty-web.com

「高ストレス社員ゼロ」の職場をつくる本

2016 年 1 月 10 日〔初版第1刷発行〕

著　者　　石井香里
発行人　　佐々木紀行
発行所　　株式会社カナリアコミュニケーションズ
〒 141-0031　東京都品川区西五反田 6-2-7
ウエストサイド五反田ビル 3 F
TEL　03-5436-9701　FAX　03-3491-9699
http://www.canaria-book.com
印刷所　　本郷印刷株式会社
装丁　　岡阿弥吉朗（エガオデザイン）

ISBN 978-4-7782-0324-5 C0034

カナリアコミュニケーションズの書籍ご案内

沸騰経営
5%の奇蹟を創り出す10の鉄則

大野　尚　著

経営者を本気にさせる最強のバイブル。


会社設立１０年後に生き残っている企業はわずか５%です。

勝ち残る企業は奇蹟と言えます。

勝ち残るためには、価値残ることが必要です。

そこで、会社経営を軌道に乗せる実践的事例、１０の鉄則をお教えします。

経営者の方必読の１冊！

2013 年 7 月 15 日発刊
価格　1500 円（税別）
ISBN978-4-7782-0254-5

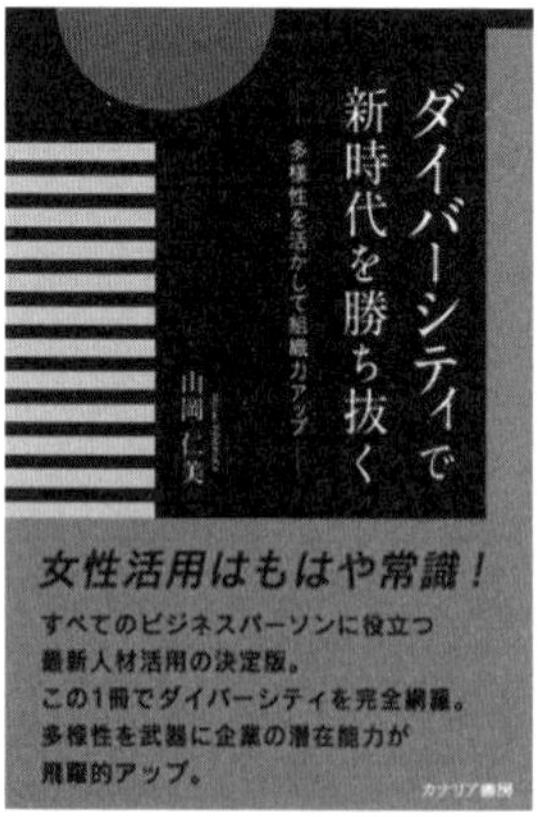

ダイバーシティで新時代を勝ち抜く
～多様性を活かして組織力アップ～

山岡　仁美　著

女性活用はもはや常識！

すべてのビジネスパーソンに役立つ最新人材活用の決定版。

この１冊でダイバーシティを完全網羅。

多様性を武器に企業の潜在能力が飛躍的アップ。

なぜ今、ダイバーシティが必要とされるのか。

どんな立派な制度もつくっただけではダイバーシティと呼ぶことはできない。

人材の多様性を武器にして、組織の潜在能力を高めるため、ごく身近なことから誰にでも実践できるダイバーシティ推進の方法を収録。

2014 年 1 月 10 日発刊
価格　1400 円（税別）
ISBN978-4-7782-0257-6

カナリアコミュニケーションズの書籍ご案内

2014年2月26日発刊
価格 1400円（税別）
ISBN978-4-7782-0262-0

日本一になった田舎の保険営業マン

林　直樹　著

人口わずか500人の農村でも「日本一」のワケとは？

お客様に“与えつづける”営業で世界の保険営業マン上位１％「ＭＤＲＴ」を３回獲得。読めば勇気がわく成功ヒストリー＆ノウハウが満載！

営業に関するさまざまな本やマニュアルが出ているが、そのほとんどは大都市で成功した人の体験談である。ビルが立ち並ぶ街での営業スタイルが前提となっている。同書では独自で実践した人口500人の農村でも日本一になれる営業法を掘り下げて紹介。

2014年9月19日発刊
価格　1500円（税別）
ISBN978-4-7782-0280-4

勝ち抜く事業承継
ー時代と人材育成論ー

青井　宏安　著

今、企業が直面しているのは次世代を担う人たちへの「事業承継」問題。

いかにして後継者を育てるかが企業存続のカギに。

これまで日本が歩んできた時代、社会情勢をもとに、次なる経営者層「戦後第2世代」の特徴、備わる能力について解説。

日本経済を支えてきたすべての企業が直面する「事業承継」問題。

次世代を継ぐ後継者たる資質を、いかにして育てるかが企業存続のカギとなっています。本書ではこれまで日本が歩んできた時代、社会情勢をもとに、次なる経営者層「戦後第2世代」の特徴、備わる能力について解説します。

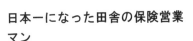

カナリアコミュニケーションズの書籍ご案内

2015年1月20日発刊
価格　1400円（税別）
ISBN978-4-7782-0287-3

自分探しで失敗する人、自分磨きで成功する人。最短距離で自分の「人生」を成功させるための唯一の方法

青木　忠史　著

転職40回、倒産寸前の会社を見事復活…。挫折と苦難を乗り越えた異色のコンサルタントが人生成功のための『自分磨き』を伝授!
人生は20代にどのように考えて生きるかによって決まる。その岐路となる時期に、自分自身と向かい合い、有意義な人生、成功を実現する『自分磨き』を伝授!

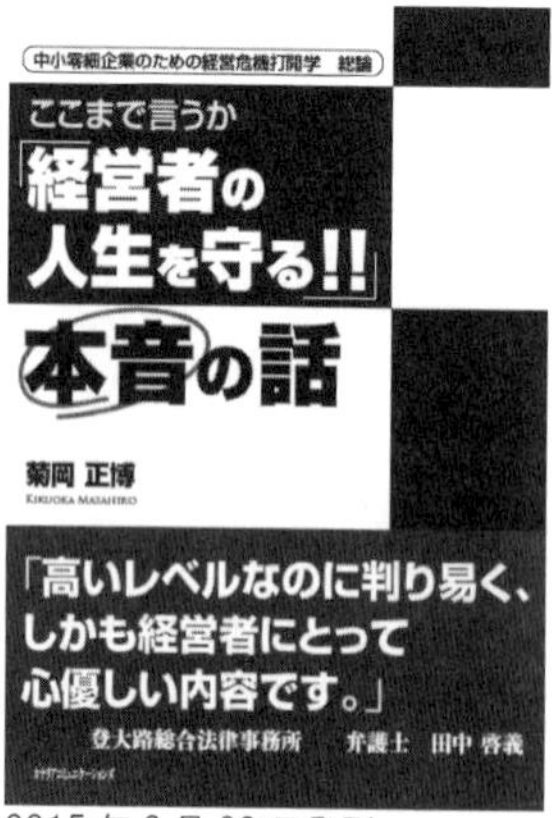

2015年2月28日発刊
価格　1200円（税別）
ISBN978-4-7782-0294-1

ここまで言うか『経営者の人生を守る！！』本音の話　中小零細企業のための経営危機打開学　総論

菊岡　正博　著

800件を超える中小零細企業の会社再生を手掛けた著者が、
常識を覆す方法を駆使して危機を乗り切り、経営者の人生を守る方法を伝授！

危機的な経営状況に陥ろうとも、経営者の人生と生活を守り、
関係する社会的弱者のために事業の継続を図る方法を紹介する。
常識を覆す経営危機打開策が満載。

カナリアコミュニケーションズの書籍ご案内

2015年3月15日発刊
価格　1300円（税別）
ISBN978-4-7782-0296-5

イメージコンサルタントとしての歩み
誰も上手くいかないと思った起業を成功させたわけ

谷澤　史子　著

不可能を可能に変える成功法。誰もが失敗すると思ったイメージコンサルタントとしての起業。苦難のスタートから個人や企業のブランディング分野で人気を集めるようになるまでの道のりを著者が赤裸々に語る。夢は叶うのではなく、夢に適う（ふさわしい）人間になった時に実現するもの。そのための自分磨きとは。イメージコンサルタントで会社を経営することは不可能といわれた時代、それでも起業に踏みきり、苦難のスタートから成功するまでの著者の体験談とその手法を赤裸々に語る。

2015年4月20日発刊
価格1400円（税別）
ISBN978-4-7782-0302-3

戦乱商人
マグレブに乾杯！中近東ビジネスの勝者たち

小寺　圭　著

元ソニー役員が描く高度成長期最後の成功秘話。

中近東市場を制覇せよ！

イスラム世界に勇躍した日本のビジネス戦士たちの物語。今も昔もビジネス戦士に欠かせないものは、本書で描かれたような知恵と粘り強さと勇気ではないだろうか。この物語は元ソニー役員だった著者の体験と実際に起こった事件をもとに書かれた高度成長期最後のビジネスマンたちの物語。

カナリアコミュニケーションズの書籍ご案内

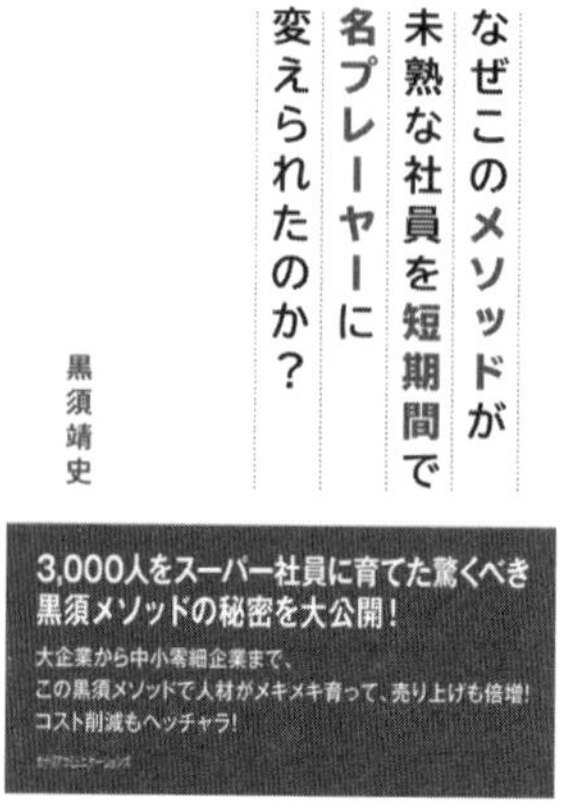

2015年5月25日発刊
価格　1500円（税別）
ISBN978-4-7782-0301-6

なぜこのメソッドが未熟な社員を短期間で名プレーヤーに変えられたのか？

黒須　靖史　著

3,000人をスーパー社員に育てた驚くべき黒須メソッドの秘密を大公開。
大企業から中小零細企業まで、この黒須メソッドで人材がメキメキ育って、
売り上げも倍増。

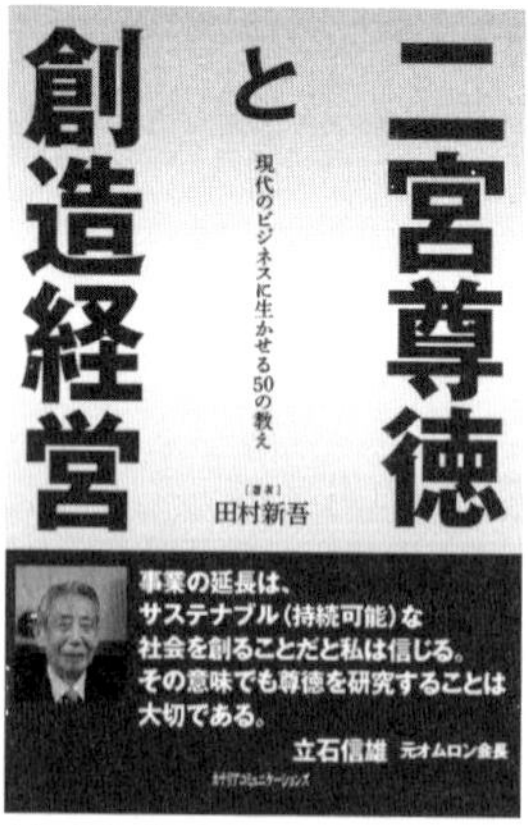

2015年5月25日発刊
価格1300円（税別）
ISBN978-4-7782-0304-7

二宮尊徳と創造経営

田村　新吾　著

２１世紀に入って、国内外で政治、経済などが混乱しはじめている。その混乱の解決策を示したのが
本書「二宮尊徳と創造経営」である。二宮尊徳の教訓は、机上の学問から得たものではなく、現場で生まれた実践哲学であるので、現代の我々にも通じ、また今後の指針ともなり、多くの経営者へと受け継がれている。変革期を乗り切る秘策がこの１冊にあり。